LA NEF DES FOUS

Du même auteur

dans la collection Bouquins

La Danse des simulacres. Une philosophie du goût, coll. « Bouquins », 2019
Vies Philosophiques, coll. « Bouquins », 2021

aux éditions Robert Laffont

Le Deuil de la mélancolie, 2018
Théorie de la dictature, 2019
Le Temps de l'étoile polaire. Journal hédoniste, 2019
La Vengeance du pangolin, 2020
Vies parallèles. De Gaulle et Mitterrand, 2020

MICHEL ONFRAY

LA NEF DES FOUS

Des nouvelles du Bas-Empire

BOUQUINS

essai

92, avenue de France 75013 Paris
ISBN : 978-2-221-25204-8
Dépôt légal : février 2021

«Je prétends que toutes les valeurs qui servent aujourd'hui aux hommes à résumer leurs plus hauts désirs sont des valeurs de décadence.»

Nietzsche, *L'Antéchrist*, §6

AVANT-PROPOS
Petit traité de morale décadente

Que notre époque soit décadente et que tous les jours nous en fournissent des preuves ne suffit pas à quelques dénégateurs du réel pour qui les prétendus décadentistes sont plus le problème que la décadence elle-même ! Tout cela constitue une énième variation sur le sage et l'imbécile, le doigt et la lune !

On peut proposer une lourde théorie de la décadence – je l'ai faite dans un gros volume de plus de cinq cents pages ; on peut également en proposer un portrait impressionniste : c'est l'objet de cette *Nef des fous.*

Sous la forme d'une éphéméride, et ce sur presque tous les jours de cette année 2020, je consigne chaque délire dont notre temps est capable.

C'est le journal d'une époque où se croisent un délinquant haut de gamme protégé par l'État français ; une petite fille de huit ans qui veut changer de sexe depuis l'âge de quatre ans; des égorgeurs présentés comme de pauvres victimes par les journalistes parisiens; une jeune fille qui ne va plus à l'école, prophétise la catastrophe climatologique et dont le clergé de son pays nous dit qu'elle est le Christ; une dramaturge de couleur qui interdit aux critiques blancs de rendre compte de son spectacle sous prétexte qu'ils poursuivraient l'œuvre colonialiste; des femmes qui vendent des enfants pendant que d'autres les achètent; l'Église catholique qui court après les modes du politiquement correct à en perdre haleine; le journal *Libération* qui se dit progressiste en célébrant la coprophagie et la zoophilie; une féministe québécoise qui souhaite la vasectomie des hommes dès l'âge de dix-huit ans; des végans qui militent contre les chiens d'aveugles; une anthropologue qui trouve qu'il y a trop de dinosaures mâles et pas assez de femelles dans les musées; des pédophiles qui achètent des viols d'enfants en direct sur le Net; un Tour de France qui commence au Danemark et un Paris–Dakar qui se déroule en Amérique du Sud; un parfum élaboré par une femme à partir des odeurs de son sexe; un chef de l'État qui, entre autres sorties, se félicite que ses ministres soient des amateurs; *Le Monde* qui estime « ravageuse » d'audace une mise en scène théâtrale qui présente Lucien de Rubempré en femme; le pape et Tariq Ramadan pour qui le coronavirus est une punition divine; des députés qui légalisent l'assassinat des enfants dans le ventre de leur mère jusqu'à l'âge de neuf mois pour des motifs de convenance personnelle; une universitaire militante noire qui finit par avouer qu'elle est juive et blanche; des gynécologues noirs qui établissent des listes de leurs confrères de couleur afin que des Blancs ne salissent pas leurs femmes avec leurs mains ontologiquement sales; un artiste qui met des cache-sexes à ses statues lors d'une journée du Patrimoine afin de ne pas choquer les visiteurs dans un musée; un Premier ministre tancé sur les réseaux dits sociaux pour avoir utilisé la formule « Dieu merci » ; une femme écrivain qui a décidé de ne plus lire un seul livre écrit par des hommes; des néoféministes qui veulent remplacer « hommage » par « femmage » et « patrimoine » par « matrimoine » ; des députés macroniens qui souhaitent remplacer le cerf dans les chasses à courre par des robots; une femme enlevée par des terroristes islamistes qui, après avoir été libérée par l'État français, son argent et ses commandos, sa diplomatie et ses tractations, dit le plus grand bien de ses geôliers; un ministre de l'Intérieur qui estime que la cuisine bretonne est communautaire au même titre que celle des juifs ou des musulmans; une théologienne septuagénaire mariée et mère de famille qui postule pour être évêque de Lyon – « primate des Gaules », dit même son fils; un rôle d'homme au cinéma tenu par une femme; un ministre de l'Intérieur qui invite à jeter le code civil à la poubelle au nom de l'émotion; le même qui, bien que déjà à plat ventre, propose de mettre un genou à terre ; une élue écologiste plus soucieuse de la vie des sapins de Noël que de celle d'un professeur décapité par un islamiste ; une grande roue de Noël sciemment installée sur la place publique tout en sachant qu'elle serait interdite d'accès ; un vieux généticien bavard avouant qu'il va fêter Noël en juin ; un footballeur noir qui ne crache pas sur un Blanc puisque sa salive est partie toute seule – et autres joyeusetés du même genre…

Entre rire voltairien et rire jaune, cette *Nef des fous* est un genre de journal du Bas-Empire de notre civilisation qui s'effondre.

Nietzsche écrit dans *L'Antéchrist* : « Je prétends que toutes les valeurs qui servent aujourd'hui aux hommes à résumer leurs plus hauts désirs sont des valeurs de décadence. »

Voici donc l'esquisse d'un paradoxal traité de morale décadente – un traité de moraline…

JANVIER

Mercredi 1er janvier

Gens de sac et de corde

Carlos Ghosn, capitaine d'industrie aux trois passeports, français, brésilien, libanais, s'est évadé de la résidence surveillée japonaise dans laquelle il attendait les suites que la justice nippone allait donner à sa délinquance planétaire haut de gamme – fraude au fisc, dissimulation de revenus, détournement d'argent, utilisation de fonds d'entreprise à des fins personnelles, train de vie pharaonique avec cet argent volé. Après avoir pris un jet privé qui l'a conduit de Tokyo à Istanbul, puis un second qui l'a déposé à Beyrouth où il a pu réveillonner tranquille avec ses amis, il se trouve généreusement assuré de l'impunité du gouvernement français : la secrétaire d'État à l'Économie, une certaine Agnès Pannier-Runacher, a fait savoir, non sans avoir demandé son avis à Emmanuel Macron, on l'imagine bien, que, si Carlos Ghosn devait revenir en France, il ne serait ni inquiété ni expulsé.

Jeudi 2 janvier

La taie sur l'œil germanopratin

Parution chez Grasset du livre d'une femme qui fut jadis une jeune fille abusée par le pédophile Gabriel Matzneff. Vanessa Springora écrit en effet dans *Le Consentement* que Matzneff, alors quinquagénaire, avait entretenu avec elle, alors qu'elle avait quinze ans, une relation pédophilique.

J'avais répondu, à l'automne 1997, à une demande de la rédaction de la revue *L'Infini* qui faisait un dossier sur la question en envoyant un texte intitulé « Du bon usage de la pédophilie ». J'y dénonçais aussi bien les peintures de Balthus que le roman de Nabokov tout autant que l'essai de Matzneff, *Les Moins de seize ans,* ainsi que ses journaux du genre *Mes amours décomposés*, publiés dans une collection dirigée par Philippe Sollers, dans lesquels il racontait dans le détail ses aventures avec des jeunes en estimant que la limite d'âge était de… dix ans ! Je donnais également les noms des intellectuels parisiens ayant défendu la pédophilie dans les années 1970 : Louis Althusser, Louis Aragon, Roland Barthes, Simone de Beauvoir, Jean-Louis Bory, Pascal Bruckner, François Châtelet, Patrice Chéreau, Alain Cuny, Gilles Deleuze,

Jacques Derrida, Françoise Dolto, Jean-Pierre Faye, Alain Finkielkraut, Philippe Gavi, André Glucksmann, Félix Guattari, Daniel Guérin, Pierre Guyotat, Jacques Henric, Guy Hocquenghem, Bernard Kouchner, Jack Lang, Georges Lapassade, Michel Leiris, Jean-François Lyotard, Dionys Mascolo, Gabriel Matzneff, Catherine Millet, Francis Ponge, François Regnault, Olivier Revault d'Allonnes, Alain Robbe-Grillet, Christiane Rochefort, Danièle Sallenave, Jean-Paul Sartre, René Schérer, Philippe Sollers.

Le livre que j'ai publié contre Sade en 2014, *La Passion de la méchanceté*, sous-titré *Sur un prétendu divin marquis*, s'inscrivait dans la même logique : le crime, le viol, la pédophilie, l'assassinat, le meurtre, l'homicide, la zoophilie, la torture sont défendus par les intellectuels germanopratins pourvu qu'ils aient le label Sade, sous prétexte que la littérature permettrait tout et donnerait tous les droits.

Remarquons toutefois que la littérature ne donne pas tous les droits aux criminels de droite ou d'extrême droite, du genre Céline, Brasillach ou Rebatet, sinon Maurice Sachs ou Drieu la Rochelle.

En revanche, quiconque se réclame de la gauche a le droit, lui, d'être antisémite, raciste, racialiste, misogyne, homophobe, phallocrate. Il suffit pour ce faire qu'il se réclame de l'islam.

Un jour probablement, à la faveur d'une affaire comme celle qui concerne aujourd'hui Matzneff, on sortira le nom des intellectuels qui, dans le premier quart du XXIe siècle, se sont fourvoyés dans la défense de ces crimes-là pourvu qu'ils soient eux aussi bénis par la gauche. Qui sait quels dommages ces intellectuels auront alors générés d'ici là ?

Vendredi 3 janvier

Psychopathologie du chef de l'État

Un portrait d'Emmanuel Macron est paru dans *Le Figaro* sous le titre « Dans le secret de l'Élysée : la vraie vie d'Emmanuel Macron dans son palais ». Il est signé Guyonne de Montjou. On peut y lire ceci : « Ce qui fascine (*sic*) chez Emmanuel Macron, analyse un proche, c'est que le réel compte moins pour lui que le récit qu'il s'en fait. Grâce à ce subterfuge mental (*sic*), il a une distance et entend tenir ferme le cap. »

Comment nomme-t-on cette pathologie en psychiatrie ?

Vendredi 3 janvier

Extension du domaine de l'irresponsabilité

Il y a quelque temps, le parquet a décidé que le meurtrier de madame Halimi, Kobili Traoré, ne serait pas jugé, pour cause d'irresponsabilité pénale. Cet individu avait défenestré une femme juive de soixante-cinq ans, Sarah Halimi, en criant

« Allah Akbar ». Le jeune homme avait consommé du cannabis, il a donc été jugé irresponsable pénalement par des experts psychiatriques. Psychotique, schizophrène, addict au cannabis, « personnalité pathologique antisociale », les experts ont dédouané l'islamiste de la responsabilité de son crime antisémite. Gageons que pareille démission politique fera jurisprudence.

Dans cet ordre d'idées, il n'aura pas fallu longtemps pour enregistrer le premier attentat islamiste de l'année en France : un certain Nathan C., dit *Le Monde* (d'aucuns préservent souvent le patronyme du personnage, on ignore pour quelles raisons...), âgé de vingt-deux ans, vêtu d'une djellaba, a attaqué trois personnes au couteau ; un quinquagénaire qui a voulu protéger sa compagne des coups en est mort, sa femme a été grièvement blessée, ainsi qu'une autre personne. « Le profil de l'assaillant reste flou, tout comme ses motivations », écrit *Le Monde*. Ce même journal précise pourtant à la ligne suivante que « plusieurs documents religieux » ont été retrouvés sur lui, en même temps qu'un coran, et qu'un témoin a rapporté à la police que, lors de cet attentat islamiste, il avait plusieurs fois crié « Allah Akbar ».

On se demande en effet quelles pouvaient bien être ses motivations...

Samedi 4 janvier

Parents maltraitants

Je découvre la vidéo consternante d'une jeune fille, Elsa, venue tancer les députés d'Estrémadure. Elle n'a que huit ans, lit un discours écrit par des adultes dans lequel elle fait savoir aux élus, sur le mode comminatoire initié par Greta Thunberg, qu'elle est transsexuelle et que « les gens se trompent » en croyant que cette petite fille est tout bonnement... une petite fille ! Car la vérité de cette jeune fille ne saurait être dans son anatomie, sa physiologie, sa biologie, ses hormones, non, mais dans le sentiment qu'elle a de son identité, elle, enfant de... quatre ans ! Elle dit en effet que, depuis la moitié de sa petite vie de huit années, dont au moins deux sans langage, elle est sûre et certaine d'être une « personne transgenre », comme il convient de dire dans le novlangue libéral-libertaire. Les adultes l'écoutent sagement, gravement, presque coupables, ils prennent une leçon, et l'on assiste à cette étrange inversion de valeurs qui fait de l'enfant de huit ans le professeur de l'adulte. À quatre ans donc, *quatre ans*, on sait sans se tromper qu'on n'a pas de problème d'identité mais que ce sont les adultes, autrement dit le reste du monde, qui se trompent et commettent une faute en disant du bleu du ciel qu'il est bleu. Il existe au moins deux adultes blâmables : les parents d'Elsa qui estiment que leur petite fille de quatre ans dispose des moyens intellectuels de juger de son identité.

Dimanche 5 janvier

Géographie nihiliste

Le Paris-Dakar est avec le temps devenu *rallye Dakar*. Depuis onze ans, il a lieu dans les Andes, en terre d'Afrique comme chacun peut le constater… Ce 5 janvier, le départ est donné à Djeddah en Arabie saoudite, un autre pays d'Afrique – ce qu'à l'évidence souligne le « Dakar » de ce fameux *rallye Dakar*.

Dimanche 5 janvier

À nouveau des nouvelles d'Allah

Cinq jours seulement après le début de cette nouvelle année, voici un deuxième attentat islamiste et ce ne sera pas le dernier : à Metz, un homme a une fois de plus crié « Allah Akbar » dans la rue alors qu'il cherchait à attaquer des gens au couteau et, une fois encore, la presse, les autorités, les pouvoirs ont estimé dans la foulée qu'il s'agissait d'un individu ayant des troubles de la personnalité. Les forces de l'ordre l'ont arrêté avec une balle dans la jambe.

Deux jours plus tôt, le président de la République publiait ceci sur son compte Twitter : « L'année s'ouvre endeuillée par le drame de Villejuif. J'adresse mon soutien aux victimes de l'attaque, à leurs familles ainsi qu'aux forces de l'ordre. Nous poursuivrons avec détermination la lutte contre la violence aveugle et notre combat pour la sécurité de tous les Français. » Un « drame » ? Un « soutien aux victimes », mais l'une d'entre elles est morte ! Une « attaque » ? Une « violence aveugle » ? Mais on sait depuis que ce jeune homme a épargné une première cible parce que celle-ci lui a confié être musulmane, que le tueur a vérifié en lui demandant une prière en arabe et qu'après cela, épargnant cet homme *justement* parce qu'il était musulman, il s'est mis en quête d'une autre victime, *kâfir,* à égorger. Une « violence aveugle », vraiment ? Rappelons que cet homme avait de la littérature salafiste et un coran dans le sac qu'il portait sur lui.

Mardi 7 janvier

Résipiscences en chaîne

Les éditions Gallimard interrompent la commercialisation du *Journal* de Gabriel Matzneff. « La souffrance exprimée par madame Vanessa Springora dans *Le Consentement* fait entendre une parole dont la force justifie cette mesure exceptionnelle », affirme la maison d'édition qui publie le *Journal* de Matzneff depuis trente ans. Rappelons que *Les Moins de seize ans* du même auteur, un livre qui ne permettait aucun doute sur sa jouissance à être pédophile, a été publié en 1974 chez Julliard dans une collection dirigée par Jacques Chancel. Gallimard ne précise pas que c'est dans une collection dirigée par Philippe Sollers que sept volumes de son *Journal* ont été publiés. Le vieux dandy reste auteur dans la même maison d'édition dans laquelle il dirige toujours la collection « L'Infini ».

Le 21 décembre 2019, lors d'une émission littéraire diffusée sur YouTube, Gabriel Matzneff rapportait une conversation qu'il avait eue avec Antoine Gallimard en « évoquant une possible publication de son œuvre complète (*sic*) dans La Pléiade ».

Bernard Pivot avait ouvert le bal avec un premier tweet : « Dans les années 1970 et 1980, la littérature passait avant la morale ; aujourd'hui, la morale passe avant la littérature. Moralement, c'est un progrès. Nous sommes plus ou moins les produits intellectuels et moraux d'un pays et, surtout, d'une époque. » Le chiasme n'ayant pas suffi, les réseaux sociaux se sont enflammés. Il a alors publié ce texte dans le dernier *Journal du dimanche* de l'année 2019 : « Animateur d'émissions littéraires à la télévision, il m'aurait fallu beaucoup de lucidité et une grande force de caractère pour me soustraire aux dérives d'une liberté dont s'accommodaient tout autant mes confrères de la presse écrite et des radios. Ces qualités, je ne les ai pas eues. Je le regrette évidemment, ayant de surcroît le sentiment de n'avoir pas eu les mots qu'il fallait. »

Après l'avoir défendu au nom de la liberté d'expression fin décembre dans *Le Point*, Étienne Gernelle, le patron du journal, a fait savoir le 6 janvier : « Techniquement (*sic*), Gabriel Matzneff ne fait plus de chroniques au *Point*. Il nous a écrit début décembre pour dire qu'il arrêtait. C'est lui qui l'a décidé. Il savait probablement que le livre de Vanessa Springora allait sortir. »

C'est enfin au tour de Jacques Toubon, qui, alors ministre chiraquien, avait décoré Matzneff lors du Salon du livre de 1995 des insignes d'officier des arts et des lettres, a dit qu'il regrettait tout à fait d'avoir distingué cet homme pourtant déjà très bien connu à cette époque pour son activisme pédocriminel. Le Centre national du livre, qui dépend du ministère de la Culture, lui a versé une pension qui, au total, dépasserait les 100 000 euros.

Les rats de Paris quittent le navire…

Mercredi 8 janvier

Un site de malades

Un site permet pour 25 euros d'obtenir un arrêt maladie sur simple déclaration du « malade ». Cette start-up allemande dite « de téléconsultation » envoie donc cet arrêt de trois jours maximum sans qu'il soit besoin pour le patient de rencontrer un médecin, sa bonne foi suffit ! Le site envoie en PDF l'arrêt maladie à l'employeur et à la sécurité sociale, mais aussi l'ordonnance au client.

Un quart des Français ne voit rien à redire au fait de se déclarer malade quand on ne l'est pas, ce qui représente une fraude de 1 milliard d'euros.

Jeudi 9 janvier

Loi de la jungle

Je marche dans une rue piétonne de Caen avec le péroné cassé, une entorse et un ligament abîmé. Je découvre à cette occasion que ces artères sont inconfortables pour ce genre de pathologie : le jointage des pavés, les dénivelés pour conduire la pluie dans des rigoles, les pentes douces et leurs inversions, les rainurages, tout cela ne pose aucun problème en temps normal mais s'avère périlleux quand on est dans mon état. Sans parler d'autres dangers comme les trottinettes, les vélos, les rollers, les skates et autres énergies douces, dures pour ceux qui se les prennent dans les tibias. N'oublions pas non plus le landau ou la poussette, un genre de tabernacle mobile qui porte et déplace le saint sacrement qu'est toujours pour la famille le nouveau-né conduit en procession démonstrative.

Je sais donc que je marche droit dans cette rue car j'ai avisé un revêtement lisse qui constitue un genre de tapis rectiligne sans jointure, sans pavés, sans déclivité, sans pente, sans rainurages. Je m'y abandonne comme un tramway à ses rails.

Arrive sur moi un jeune couple qui avance en diagonale dans la rue, il se dirige ostensiblement sur moi et la jeune fille en profite pour me balancer en passant son gros sac à main dans le flanc, me coinçant contre un bac à fleurs municipal. Alors que je n'ai pas dévié et qu'elle n'attendait que cela, la jeune fille *hurle* derrière moi : « Pardon ? Pardon ? » d'un ton qui ne souffre aucun doute : elle ne présente évidemment pas ses excuses mais, après m'avoir délibérément foncé dessus, puis asséné un coup de sac parce que je n'obéissais pas à son marquage d'un territoire qui s'avérait pourtant facilement partageable, elle m'en demande, elle en exige, elle en veut et ce en vociférant comme si je lui avais craché au visage ! Je lui réponds sans ménagement, ce qui suffira. Mais je me dis quelques mètres plus loin que j'aurais tout aussi bien pu tomber sur un animal bien plus bête et plus vindicatif.

Pendant quelques minutes, il m'est apparu que la rue piétonne était le lieu des autismes contemporains et des narcissismes d'aujourd'hui, des solitudes postmodernes et des égotismes contents d'eux-mêmes : chacun est seul au monde et n'a nullement le souci d'autrui.

Des personnes semblent parler seules, elles sont en fait en conversation avec un autre au téléphone via le dispositif filaire, elles ont le regard vague et perdu, ailleurs et au-delà, elles avancent seules au monde vers leur néant : le réel n'existe plus car le virtuel a pris toute la place. L'« Autre » dont se gargarise le politiquement correct est assimilable au bac à fleurs municipal sur lequel le premier chien venu peut lever la patte et pisser.

L'enfer est sur terre : il se manifeste chaque fois que le cerveau reptilien recouvre le cortex.

Vendredi 10 janvier

Subversif en peau de lapin

À France Inter officie une troupe de prétendus comiques qui prétextent l'humour, la drôlerie, la plaisanterie, la rigolade pour réciter de façon lancinante les mantras du catéchisme postdémocratique. On y aime l'Europe et le cosmopolitisme, les migrants et le métissage, le rap et Paris, les amis de Gabriel Matzneff et ceux de Roman Polanski, l'islam et la gôche, le cinéma ouzbek et les chansons de Delerm, la pensée forte d'Emmanuelle Béart et le Bondy Blog de Mehdi Meklat. On interdit d'antenne ceux dont un jour Patrick Cohen, jadis grand mamamouchi de la matinale, fit savoir qu'il n'était pas question qu'on les entende : l'argent du service public doit en effet être utilisé à des fins privées au service des acteurs de l'État profond.

Cette fois-ci c'est un certain Frédéric Fromet qui a composé, si l'on peut dire, puis chanté ceci en direct à la matinale de ladite radio : «Jésus, Jésus, Jésus est pédé ! / Membre de la LGBT, / Du haut de la croix, pourquoi l'avoir cloué ? / Pourquoi l'avoir pas enculé ? » L'artiste payé par les deniers du contribuable prétendait réagir à l'interdiction de *La Première Tentation du Christ*, un film brésilien qui met en scène un Christ gay.

À la faveur de l'affaire Matzneff, on aurait pu imaginer que le même Frédéric Fromet, pour une fois courageux et subversif, brave et crâne, intrépide et agitateur, s'inspire de la biographie de Mahomet dans laquelle on apprend qu'à cinquante-six ans, il fut marié avec la petite Aïcha, âgée de six ans, avec laquelle il consomma trois ans plus tard, autrement dit quand elle avait neuf ans. Devant pareille performance Matzneff s'avère un vulgaire gérontophile ! Je ne sais pas pourquoi, mais j'ai l'impression que M. Fromet n'en fera pas une chanson salace, grossière, ordurière et vulgaire, comme il sait si bien en faire avec ce sujet-là.

Il est vrai que donner cette information vérifiable historiquement dans les hadiths sunnites, des textes validés par les musulmans, est passible d'une amende : c'est en effet ce à quoi la Cour européenne des droits de l'homme de Strasbourg a condamné une enseignante, le 25 octobre 2018, coupable d'avoir fait état de cette vérité historique sous prétexte que pareille affirmation menaçait la paix religieuse en Autriche...

Vendredi 10 janvier

Les légions dedans la dame, et hop !

L'actrice Jeanne Balibar est la fille du philosophe Étienne Balibar, marxiste althussérien impénitent pour qui la frontière, l'armée et la police sont des institutions non démocratiques. Il est le grand défenseur des immigrés et avouait il y a peu que les Gilets jaunes le mettaient dans l'expectative...

Sa digne fille marche sur ses brisées. Elle souhaite en effet qu'on enseigne les mathématiques en arabe dans les banlieues. Elle coche toutes les cases du politiquement correct de gauche jusques et y compris quand elle accepte la Légion d'honneur d'un gouvernement qu'elle conchie par ailleurs, en expliquant qu'elle l'accepte sans l'accepter tout en l'acceptant. Elle a en effet dit après avoir reçu cette décoration : « Cela me fait plaisir parce que cela rend honneur à toutes les légions de personnes qui sont à l'intérieur de moi », avant de conclure : « Alors, je me suis dit : "Hop, allons-y pour la décoration." »

Hop, en effet !

Vendredi 10 janvier

Greta la Science

Une panne du Net a permis de découvrir que le compte Facebook de Greta Thunberg n'était pas tenu par la jeune fille qui fait la grève de l'école mais par son père Svante aidé d'un militant écologiste indien répondant au nom d'Adarsh Prathap – probablement les deux augures auxquels Greta pense quand elle invoque la science en affirmant chaque fois dans la foulée qu'elle en est la voix.

Jamais en retard de ce qu'ils nomment des *fake news*, pris la main dans le sac à mensonges, les dévots de la jeune fille ont repris l'élément de langage familial et expliqué qu'elle utilisait le compte de son père, certes, mais qu'elle écrivait elle-même ce qui s'y trouvait. Pourquoi faire simple en effet quand on peut faire compliqué ?

Ainsi moi-même j'écris ce texte sur l'ordinateur de mon voisin car c'est beaucoup plus pratique.

Dans un livre intitulé *Scènes du cœur*, la mère de Greta Thunberg affirme que sa fille, du fait de son autisme, auquel il est impossible de renvoyer sans passer pour un handiphobe, est capable de réciter la liste des éléments de la table de Mendeleïev en moins d'une minute, alors qu'une simple lecture effectuée par n'importe qui, le tableau sous le nez, en prend déjà plus de cinq, ce qui témoigne en effet d'une hypermnésie bien utile pour régurgiter ce qu'on, pardon, ce que *la science*, lui demande de mémoriser.

Un miracle n'arrivant jamais seul, sa mère affirme qu'elle peut également voir le CO_2 à l'œil nu : « Elle l'observe s'échapper des cheminées et se transformer en dépotoir dans l'atmosphère. » Ce gaz étant invisible, incolore et inodore, il faut bien conclure qu'elle dispose de pouvoirs surnaturels.

Libération, qui est au politiquement correct ce que *L'Osservatore romano* est au pape et au Vatican, affirme dans sa rubrique désintox – le lieu maximal de l'intoxication, comme on peut s'en douter… – que ce qui a été dit n'a jamais été dit et qu'il s'agit d'une métaphore…

Nul doute que, lors du procès en béatification de cette religion qui s'annonce, l'argument sera retenu et utilisé en bonne place.

Dimanche 12 janvier

Rome n'est plus dans Rome

Il est singulier d'avoir à écrire le mot « pape » au pluriel du vivant des deux personnes concernées. Ceux qui croient à l'existence de l'antéchrist devraient se poser la question mais surtout la résoudre.

Il semble qu'on ne saura jamais pour quelle raison ce pape, qu'on disait aux portes de la mort il y a sept ans, se trouve toujours en vie et, alors qu'il caracole mollement vers les quatre-vingt-treize ans, se révèle suffisamment en forme intellectuellement pour écrire un livre d'entretiens avec un cardinal dans lequel il critique le pape en exercice.

Le jésuite François a en effet estimé lors du synode sur l'Amazonie qu'il était licite d'ordonner des prêtres mariés ; Benoît XVI, lui, s'y oppose formellement. Le pape en exercice et le pape à la retraite disent donc deux choses différentes, contradictoires même. Que faut-il alors faire du dogme de l'infaillibilité papale qui, en 1870, lors du premier concile œcuménique, décida que le pape ne saurait se tromper quand il s'exprime sur des questions de foi et de morale parce qu'il est inspiré par l'Esprit Saint ? Faut-il en conclure que l'Esprit Saint souffre de schizophrénie ?

C'est Satan qui doit bien rigoler car, rappelons-le, étymologiquement, le diable, c'est « celui qui divise »...

Lundi 13 janvier

Le pudding et l'argent du pudding

Le prince Harry veut le beurre royal et l'argent du beurre royal en même temps que le sourire de la crémière américaine ! Ce garçon a défrayé la chronique : scolarité chaotique, fumeur de cannabis, soirées ivre mort, bagarres avec des paparazzis, travestissement en nazi lors de fêtes, partouzes dans un palace de Las Vegas dans le couloir duquel il fut photographié nu avec des femmes pas plus habillées que lui, collectionneur de filles faciles. Il a fini par se faire mettre le grappin dessus par une actrice américaine divorcée d'un mari qui lui fut utile pour sa carrière et qu'elle lâcha une fois lancée. Il s'est marié avec elle et lui a fait un enfant. La jeune femme n'a pas découvert l'amour avec le duc de Sussex – ceci n'est pas une contrepèterie…

Avec un bref communiqué de son cru, le prince Harry a fait savoir *urbi et orbi*, mais pas à la reine mère, qu'il allait partir avec sa dulcinée au Canada pour y vivre à sa guise !

Voilà un personnage qui n'a rien compris à *ce qu'il est* : prince héritier en second de la couronne d'Angleterre, cela crée des devoirs et ne donne pas de droits. Il peut bien jouer, comme tout le monde désormais en régime judéo-chrétien, la carte victimaire : il argue en effet que c'était difficile d'avoir pour mère la princesse Diana, collectionneuse de palefreniers, de profs de sport ou d'un milliardaire égyptien, et pour père le prince Charles, fétichiste de la petite culotte de son élégante maîtresse Camilla – on n'est pas obligé de suivre leur voie : la preuve, le prince William.

Si l'on veut la liberté, on ne saurait rester prince héritier car, on le sait, *noblesse oblige.* Dans son état, celui de prince héritier, on ne s'appartient pas et l'on se doit. Si l'on veut s'appartenir et ne (se) devoir à personne, alors il existe une solution : l'abdication, qu'on se souvienne d'Édouard VIII. À quoi, si l'on veut, au-delà de la particule, continuer dans la noblesse d'être, on peut ajouter le refus de vivre des prébendes de la monarchie anglaise en refusant tout argent royal pour mériter sa liberté. Pour l'heure, on ne sache pas que l'homme qui porta jadis, pour rire, le brassard nazi ait choisi la voie royale de sa grand-mère qui fut toute sa vie d'une dignité exemplaire.

Précisons que la reine ayant souhaité réunir les parties concernées, Meghan Markle n'a pas daigné se déplacer, elle était présente… par téléphone. Les manières américaines sont sa spécialité.

Lundi 13 janvier

Bonne et mauvaise délinquance

Sur son compte Twitter, France Culture fait ainsi la promotion d'une émission sur Arthur Rimbaud : « Il fugue, se drogue, fait de la prison, vole. Partout où il passera, Rimbaud contestera l'autorité, la bourgeoisie, l'académisme. (Ré)écoutez la série des "Chemins de la philosophie" consacrée à ce poète porte-parole de la jeunesse indocile. »

Mais si le poète avait dit du mal de Macron dans un nouveau « Stupra » ou de l'Europe maastrichienne en troussant un poème dans l'esprit de

« L'Orgie parisienne », deux des nombreux marqueurs de la nouvelle délinquance selon les bobos, il aurait été interdit d'antenne sur cette chaîne du service public…

Lundi 13 janvier

Les loups vont entrer dans Paris

Flavien Moreau, un Coréen adopté par une famille française alors qu'il était en bas âge, a commencé sa vie active dans le trafic de drogue dès l'âge de dix-neuf ans avant de parvenir au djihadisme en passant par un certain nombre de forfaits qui lui ont valu treize condamnations dont certaines pour vol avec violence et port d'arme. À vingt-cinq ans, alors qu'il sort de prison où il s'est radicalisé, il est l'un des premiers Français à partir pour le djihad en Syrie. Son frère aîné, quatorze condamnations au compteur, est lui aussi parti en Syrie : il a obtenu d'être emprisonné avec son frère – alors que les Corses, eux, ne parviennent pas à être incarcérés dans des prisons corses… On a retrouvé des armes artisanales dans la cellule de Moreau, il a menacé de mort des gardiens qu'il insultait régulièrement, il a proclamé son admiration pour un terroriste à l'origine des attentats de Djerba, il a refusé de rencontrer les responsables de l'évaluation de la radicalisation, mais rien de tout cela n'a justifié un prolongement de peine :

il a juste été mis à l'isolement dans une cellule où, vêtu d'une djellaba, il a passé son temps à prier et à lire le Coran. Il vient de sortir libre de la prison de Condé-sur-Sarthe près d'Alençon dans l'Orne.

L'administration pénitentiaire affirme que sa sortie s'effectue sous conditions – résider dans un lieu fixe, trouver du travail, se soumettre à un contrôle de police, ne pas porter d'arme, ne pas quitter le territoire sans autorisation : on se doute qu'il obéira à toutes ces injonctions alors que la police n'a aucun moyen de les faire respecter !

Une chose encore : il est tenu à une « obligation de soins ». Dès lors, posons-nous un certain nombre de questions : quels soins ? De quelle maladie souffre-t-il ? Quel est le médicament adéquat ? Pour quel traitement ? Quels médecins sont compétents pour une telle pathologie ? Cette maladie peut-elle se soigner ou est-elle incurable ? Est-elle susceptible de contaminer le corps social ? De façon bénigne ou maligne, superficielle ou mortelle ? De quelle prophylaxie dispose-t-on ? Est-elle vraiment efficace ?

Cette série de mesures faciles à transgresser sont valables pendant seulement onze mois et dix-huit jours. Après ? Rien. Plus rien.

Gageons que ce garçon fera bientôt reparler de lui. Au même titre que les autres radicalisés que l'État français s'apprête à remettre en circulation dans le pays : quarante-deux sont libérables en 2020, cent sept en 2021, cent quarante-sept en 2022.

Pas besoin d'être grand clerc pour prédire à la France du sang et des larmes.

Mardi 14 janvier

Profanation au kärcher écolo-socialiste

La tombe de Wolinski a été profanée, mais la mairie de Paris en refuse l'augure. Sur la stèle, on peut lire ceci : « Georges Wolinski, dessinateur de presse, 1934-2015. Assassiné lors de l'attentat contre *Charlie Hebdo.* » Du moins, on *pouvait* lire ceci, car « Charlie » a été buriné. Or, on n'a pas buriné « Georges », on n'a pas buriné « Wolinski », on n'a pas buriné « dessinateur de presse », on n'a pas buriné « 1934-2015 », on n'a pas buriné « Assassiné », on n'a pas buriné « lors de l'attentat », on a buriné « Charlie » et rien d'autre. Ceux-là, donc, ne sont pas *Charlie*, la chose se trouve clairement dite.

La mairie union de la gauche de Paris – socialistes, verts, France insoumise, PCF – estime qu'il n'en est rien : nulle destruction volontaire, donc politique, mais une érosion due aux « passages de kärcher très fréquents » pour l'entretien de la stèle. Selon Pénélope Komitès, ancienne des verts passée chez les socialistes, adjointe chargée des espaces verts et du funéraire, ces « nettoyages excessifs » ont rendu « la pierre très poreuse (et) provoqué des trous »...

Madame Komitès envisage-t-elle une plainte contre la famille Wolinski qui, elle, affirme avec raison qu'il s'agit d'une vandalisation de la tombe ? Elle pourrait pour ce faire arguer d'une suspicion d'islamophobie, qui plus est de la part d'une famille juive – une circonstance de plus en plus aggravante chez les islamo-gauchistes.

Mercredi 15 janvier

À l'insu de son plein gré

Lu dans *Valeurs actuelles* cet entrefilet concernant Bernard Kouchner : « Mis en cause pour avoir signé, en 1977, une pétition de Gabriel Matzneff défendant les relations sexuelles entre adultes et enfants, l'ex-ministre a répondu qu'il avait signé le texte sans le lire, à la demande de Jack Lang. »

Quel pouvoir chamanique avait alors ce fameux Jack Lang !

Jeudi 16 janvier

Vatican III

Tous les évêques du pays ont reçu une lettre de leur hiérarchie les invitant à reformuler l'état civil du baptisé en remplaçant « Fils ou fille de » par « Noms et prénoms des parents ou autres titulaires de l'autorité parentale », le tout suivi par les mentions d'état civil et ce, est-il dit, afin que l'Église dispose d'un formulaire « le plus approprié à notre époque ».

Des actes de baptême non genrés : voilà qui réjouira le prétendu comique de France Inter qui, après le tollé généré par sa chanson affirmant que Jésus aurait dû être « enculé », a présenté ses excuses... aux homosexuels, massivement choqués d'avoir été stigmatisés par cette saillie.

Jeudi 16 janvier

La cougar qui déstructure

Il avait quinze ans, elle était sa professeure de français et de latin ; elle était mariée et mère de famille, il se rendait à son domicile, même en présence de son mari et de son enfant ; il participait à l'atelier théâtre qu'elle animait ; elle aimait sa conversation et multipliait les occasions de le retenir après les cours et les ateliers ; elle l'a initié sexuellement alors qu'elle avait trente-deux ans : il était mineur, elle était majeure ; son mari savait.

Aujourd'hui, il parle dans *Le Point* et affirme dans un article intitulé « Mon “prédateur” était une prédatrice », que pareille expérience l'a déstructuré : « Quand je lis dans *Libération* l'interview de la pédopsychiatre Marie Rose Moro qui déclare que, “quel que soit le contexte, avoir des relations sexuelles sous emprise quand on est adolescent reste violent et déstructurant" et que "ça reste des expériences traumatisantes dont on ne se remet jamais", je ne peux que lui donner raison. »

Dans l'article, la dame est juste nommée « Mme B » ; en revanche, on connaît le nom du jeune homme victime de la cougar : il s'appelle Michka Assayas. Il est journaliste et romancier.

Vendredi 17 janvier

Le livre de l'avenir

Le trente-huitième et dernier album en date d'Astérix a été le *livre* le plus vendu en France en 2019 avec 1,573 millions d'exemplaires achetés.

Quel scrogneugneu dira encore que le livre se porte mal dans le pays de Voltaire ?

Vendredi 17 janvier

Le bac au grattage

La proviseure d'un lycée de l'académie d'Orléans-Tours (on aimerait avoir son nom...) a envoyé à ses élèves soumis au contrôle continu du baccalauréat le courriel suivant : « L'inspectrice d'histoire-géographie me demande de vous préciser que l'épreuve d'E3C de (*sic*) lundi 20 portera sur le chapitre 1, thème 1 d'histoire et sur le thème 1 de géographie ». Elle n'a pas osé donner plus franchement le sujet...

Le plus simple serait de vendre le baccalauréat dans les bistrots où l'on achète les timbres fiscaux.

Vendredi 17 janvier

Joffrin, penseur du sexe

À la faveur de l'affaire Matzneff, Laurent Joffrin explique désormais avec force joffrinades dont il a le secret que *Libération* fut en effet le journal des petites annonces de la pédophilie et de la défense de ce que d'aucuns, dont Anne-Élisabeth Lemoine sur le plateau de « C à vous », en ma présence, proposent désormais d'appeler « pédocriminalité » sans s'apercevoir qu'ainsi ils suggèrent que la pédophilie ne serait pas intrinsèquement pédocriminelle et qu'en sauvant le mot ils sauvent aussi la chose… Il s'agissait alors, *déjà,* de défendre un prétendu nouveau droit. L'élément de langage est le suivant : « C'était dans l'esprit du temps mais *Libération* n'en est plus là… » !

Où en est-il ?

Facile, il suffit de le lire, d'avoir de la mémoire et d'archiver les articles.

Ainsi, le 17 janvier 2014, *Libération* a publié un article de Paul B. Preciado, chroniqueur du journal, philosophe qui fut femme avant de se faire opérer pour devenir homme, sous le titre : « Déclarer la grève des utérus ». Ce texte donne l'horizon nouveau de la modernité en matière de sexualité. On peut en effet y lire ceci : « Depuis cette modeste tribune, j'invite tous les corps à faire la grève de l'utérus. Affirmons-nous en tant que citoyens entiers et non plus comme utérus reproductifs. Par l'abstinence et par l'homosexualité, mais aussi par la masturbation, la sodomie, le fétichisme, la coprophagie, la zoophilie… et l'avortement. Ne laissons pas pénétrer dans nos vagins une seule goutte de sperme national catholique. » Constatons que, cette fois-ci, la socratisation des enfants a été heureusement écartée.

Manger de la merde et sodomiser les chiens, voilà donc les nouveaux droits défendus par *Libération.*

Mais ce peut être aussi contaminer volontairement un partenaire quand on a le sida : le fameux journal héberge en effet le blog d'Érik Rémès, « Gay tapant » – on ne peut mieux dire… – dans lequel on trouve un éloge de la relation sexuelle non protégée bien qu'on la sache contaminante. Dans la préface à son livre *Serial fucker. Journal d'un barebacker*, Rémès s'oppose au projet de punir par la loi ce type de comportement sous prétexte que cette sanction procéderait d'« une notion judéo-chrétienne du couple qui doit apporter protection et respect […]. Or être séropo, c'est avoir une blessure de l'estime de soi qui, bien souvent, peut empêcher tout respect ». En d'autres termes qui n'obligent pas à en appeler au judéo-christianisme :

« Je peux bien tuer puisque je vais mourir. » Act-Up s'est fort heureusement désolidarisé de ce genre de discours – pas *Libération* qui le propage.

Dans trente ans, le successeur de Joffrin expliquera que « c'était dans l'esprit du temps mais qu'ils n'en sont plus là ».

On peut toutefois d'ores et déjà se réjouir en se disant que cette feuille de chou libérale et boboïde n'existera plus.

Dimanche 19 janvier

Qui est bête ?

Dernières trouvailles des antispécistes : interdire l'usage des chiens d'aveugle à ceux qui, privés de la vue, peuvent se mouvoir plus facilement grâce à l'aide d'un animal avec lequel ils entretiennent pourtant une authentique relation d'alter ego.

Pour quelle raison ? Cette exploitation des animaux est assimilable, on connaît leur rhétorique, à l'assujettissement des Nègres par les Blancs en régime colonial ou à la déportation des juifs par les nazis.

Hitler, qui aimait les animaux avec une même dilection et, de ce fait, avait pris soin d'interdire légalement le gavage des oies et des canards sous le IIIe Reich, aurait particulièrement apprécié ce signe d'humanité nihiliste.

Lundi 20 janvier

Le brushing de Marie-Antoinette

Les frais de coiffure de madame Trogneux épouse Macron sont estimés à plus de 5 200 euros par mois, soit 62 400 euros par an.

Autrement dit : trois smic net mensuels.

Mardi 21 janvier

Un sémiologue du troisième type

François Jost est un élève de l'École pratique des hautes études; il a dirigé la thèse de sémiologie de Gérard Genette, grand abscons devant Dieu qui n'existe pas, avec Julia Kristeva comme juré, madame Sollers à la ville, ancienne maoïste et, on le sait depuis peu, assez probable indic de la police bulgare aux temps communistes.

Cet homme dispose de tous les *ausweis* de l'université française; il a donné des cours un peu partout sur la planète à l'invitation des universités; il a été vice-président de l'Association française des enseignants et chercheurs en cinéma et audiovisuel (AFECCAV) et vice-président de l'Association internationale de sémiotique visuelle; il dirige la revue *Télévision* aux éditions du CNRS où il publie certains de ses livres. Sa notice Wikipédia le crédite d'une « théorie de la télévision ». Pour soutenir pareille thèse, une citation est même convoquée qui dit : « François Jost a réussi à faire de la télévision un objet de pensée au même titre que les autres, un objet pouvant être conceptualisé au même titre que les autres, un objet pouvant être conceptualisé au-delà des jugements normatifs. » Suit une longue citation qui prouve les dires de ce savant fort opportunément. Il a beaucoup publié, dont *Penser la télévision* en 1998, *Introduction à l'analyse de la télévision* en 1999, *La Télévision du quotidien : entre réalité et fiction* en 2001, *Comprendre la télévision* en 2005, *Pour une éthique des médias* en 2016, sans compter de nombreux articles qui témoignent qu'il est un homme ayant pensé la télévision et sachant donc faire la part du réel et du virtuel.

C'est à ce titre, me semble-t-il, qu'il a été invité à l'émission « Zemmour & Naulleau » à laquelle j'ai participé ce mardi 21 janvier. Nous partageons un même plateau. L'animal des bois que je suis sent bien que j'ai à côté de moi un universitaire emblématique ayant bien compris qu'il avait près de lui la bête en question. Tout est donc courtois et cordial, affaire d'éthologues avertis…

L'émission terminée, nous nous retrouvons côte à côte à nous faire débarrasser de nos micros avec leurs fil et batterie. Il me toise, me regarde de la tête aux pieds et retour, puis me dit, parole de sémiologue : « Ah, mais vous êtes grand finalement, je vous imaginais beaucoup plus petit. »

De fait : « François Jost a réussi à faire de la télévision un objet de pensée au même titre que les autres, un objet pouvant être conceptualisé au même titre que les autres, un objet pouvant être conceptualisé au-delà des jugements normatifs. »

Il a juste découvert ce jour-là ce qui distingue une image télévisée de la réalité.

Mercredi 22 janvier

C'est Mozart qu'on assassine

Sous prétexte d'initier les enfants à l'opéra, le théâtre des Champs-Élysées propose des versions allégées des chefs-d'œuvre du répertoire. Ce fut le cas avec *Le Barbier de Séville* de Rossini, puis la *Carmen* de Bizet, c'est désormais au tour des *Noces de Figaro* de Mozart. On raccourcit, car il faut faire avec la disparition de la capacité à se concentrer plus d'une minute, fruit pourri de la civilisation de l'écran. On simplifie l'intrigue, autre fruit avarié d'une civilisation ayant produit à la chaîne des consommateurs fonctionnant avec seulement deux neurones – je *like* ou je nique. On jette enfin le texte de Da Ponte à la poubelle, trop compliqué, trop embrouillé, trop confus, cher Lorenzo, pour lui préférer l'histoire d'un ado qui va au musée et tombe amoureux des statues qui s'y trouvent car le scribouillard qui remplace le librettiste a pour mission de séduire le jeune spectateur par un héros qui pourrait être un copain auquel il puisse s'identifier... On ne risque pas de le faire sortir ainsi de son monde pour le hisser vers plus haut que lui. Personne n'a songé à remplacer la musique de Mozart par celle de Chantal Goya, plus en phase avec le public, plus simple, plus abordable ?

Le spectacle est « participatif » ! Des extraits sont mis en ligne sur le site du théâtre afin que les enfants les écoutent chez eux pour contribuer eux aussi à la soirée, au même titre que le chef d'orchestre ou les musiciens... Dans des « ateliers de mise en voix » – jadis on disait « la chorale » –, ils peuvent préparer la représentation au cours de laquelle ils pourront crier, vociférer, hurler ce qui, écrit Nicolas d'Estienne d'Orves, permet de « désacraliser l'opéra, (de) le rendre accessible, humain, attachant », autant de pierres dans le jardin des « puristes » !

La chute de l'article ? « Plus qu'un bon spectacle : une bonne action. » La chose se trouve dite non pas dans *Libération* ou *Le Monde*, sinon dans *L'Obs* ou *L'Humanité*, mais dans *Le Figaro* du jour.

Mercredi 22 janvier

Bêtes de sexe

Une association de défense des animaux ayant pour nom Animal Cross donne des chiffres sidérants : chaque mois, plus d'un million et demi de films zoophiles sont visionnés en France ! Plus de dix mille personnes fréquentent les sites internet qui offrent des petites annonces d'expériences sexuelles avec des animaux. Il y aurait cent cinquante mille zoophiles en France.

Une étude brésilienne rapporte que 45 % des gens souffrant d'un cancer du pénis ont eu des rapports sexuels avec des animaux.

Le philosophe Peter Singer justifie philosophiquement la chose dans *La Libération animale.* Sa collègue Beatriz Preciado, devenue son collègue Paul B. Preciado après l'opération adéquate, a défendu cette noble cause progressiste dans une rubrique de *Libération* où elle tenait chronique (*cf. 17 janvier*).

Jeudi 23 janvier

L'homme aux deux alliances

Emmanuel Macron, président aux deux alliances, chef de l'État français, célèbre le soixante-quinzième anniversaire de la libération du camp d'Auschwitz en Israël.

Il a choisi le ton lyrique et grave, vaguement malrucien, pour célébrer l'événement : une petite fille juive de sept ans qui, lors de la déportation, dit à sa mère que, le monde étant ce qu'il est, elle n'a aucun regret à devoir le quitter si vite. Qui ne sent les larmes lui monter aux yeux ? Et puis une enfant qui donne des leçons de sagesse à une adulte, sa mère en l'occurrence, y a-t-il meilleur angle d'attaque pour l'efficacité du message médiatique contemporain ?

Le matin, il a annoncé que l'antisémitisme revenait, mais sans dire où il se trouvait ; il a affirmé qu'il ne laisserait rien passer et ne le tolérerait pas, mais il n'a pas dit comment il s'y prendrait ; il a fait savoir que cette peste était le premier temps de la haine et du refus de l'autre sans jamais nous dire si le juif d'hier, comme le supposent ses amis islamo-gauchistes, c'était le musulman d'aujourd'hui. Car, de l'islam, grand pourvoyeur de l'antisémitisme contemporain, il n'en fut jamais question.

Cet homme est le même – on passe de l'alliance de la main gauche à celle de la main droite – que celui qui, alors qu'il sait avoir gagné son élection présidentielle le soir du premier tour (la fête de la Rotonde l'a annoncé *urbi et orbi* et ce fut la poudre sollicitée par la mèche du récent incendie de ce lieu auquel il avait ainsi conféré sa nature emblématique…), a eu le front de prendre en otage les six millions de morts de la Shoah en convoquant à la fois Oradour-sur-Glane, une visite, et le mémorial de la Shoah, une seconde visite, pour bien faire comprendre aux électeurs que, bien qu'il se sache élu, il serait tout de même bon de ne pas oublier que, le dimanche suivant, il faudrait choisir entre lui ou Das Reich et la Solution finale, *en même temps*.

À Yad Vashem, on est bonne pâte car on pourrait lui reprocher durablement cette confiscation de la Shoah à sa petite cause électoraliste.

Jeudi 23 janvier

Le lapsus du psychanalyste

Le psychanalyste freudien Gérard Miller n'a pas ménagé sa haine contre moi lors de la parution de mon livre sur Freud alors que j'y présentais la psychanalyse comme une variation sur le thème de la pensée magique. J'avais pris soin de dire dans cet ouvrage que tout ce qui était bon dans la psychanalyse n'était pas de Freud et que tout ce qui était de Freud n'était pas bon, en signalant, par exemple, que le lapsus avait été découvert en amont par Hans Gross en 1883 et que Meringer et Mayer consacraient déjà un livre à ce sujet dès 1895, soit plus de vingt ans avant l'*Introduction à la psychanalyse,* le livre emblématique du chamane viennois…

À 10 h 51, sur la chaîne LCI, dans l'émission « Audrey & Co », Gérard Miller, présenté comme « éditorialiste politique », alors que ce compagnon de route de Mélenchon n'est rien de moins qu'un psychanalyste cousu d'or familier des hôtels de grand luxe, suisses si possible, a parlé d'« islamisme progressiste » avant de se reprendre, avouant de lui-même qu'il venait de commettre un lapsus…

On ne le lui fera pas redire.

Jeudi 23 janvier

Macron ressuscite Arafat

La journaliste télé de BFM TV Agathe Lambret couvrait le voyage d'Emmanuel Macron en territoire palestinien. Elle a annoncé qu'il avait « pris le soin de rencontrer le Premier ministre israélien, Benyamin Netanyahou, et le président israélien ». Elle a ajouté : « Il rencontrera cet après-midi Yasser Arafat, le président de l'Autorité palestinienne. »

En retour sur le plateau, personne n'a corrigé la faute – Arafat est mort en 2004. Confraternels, les journalistes parlent depuis d'un lapsus.

Dimanche 26 janvier

La subversion officielle

En mars 2020, sur le campus de Poitiers, une installation d'art contemporain permettra au public de voir un champ de mille clitoris. L'artiste, Emma Crews, est chevalier des Arts et des Lettres au motif de son « engagement artistique pour la cause et les droits de la femme et l'égalité des sexes ». Elle est aussi connue pour avoir réalisé un vagin géant avec des préservatifs féminins périmés qui a été exposé à la faveur d'une Clitoris Party lors de la journée mondiale du préservatif féminin. Vingt-cinq ateliers participatifs ont été mobilisés pour ensemencer ce champ de clitoris.

Cette subversion d'État vaut bien des décorations d'État.

Dimanche 26 janvier

« Merde à Dieu »

Mila, une lycéenne de seize ans, bloggeuse et lesbienne, a posté sur Instagram ses pensées choisies en matière d'islam et doit depuis se cacher, se terrer, vivre dans la crainte et la peur, tant les menaces de mort ont été nombreuses.

Certes, son post n'est pas formulé dans la langue ironique de Voltaire, il n'a pas la pensée coruscante de l'abbé Meslier, ni l'élévation d'esprit d'un Nietzsche, mais on voit bien dans quelle direction tout cela va : « Je déteste la religion, le Coran est une religion de haine [...]. L'islam, c'est de la merde. » Puis : « Votre Dieu, je lui mets un doigt dans le trou du cul, merci, au revoir. »

Un instituteur dans l'esprit de la IIIe République aurait ainsi corrigé sa copie : « Le Coran n'est pas une religion, mais un livre sur lequel est construite une religion ; le recours au langage scatologique n'est pas forcément nécessaire quand on veut persuader son interlocuteur avec des arguments dignes de ce nom ; la possibilité d'un toucher rectal avec une fiction s'avère assez problématique ; à quoi il faut ajouter que cette dernière remarque fonctionne également pour cette saillie. » Puis il aurait conclu : « Des idées, mais il faut surveiller son langage et ne pas risquer des métaphores anatomiquement impossibles. »

En fait, dans l'esprit et le ton, le vocabulaire et la culture des jeunes de cet âge, tels que l'État maastrichien les fabrique à la chaîne depuis au moins deux générations, Mila effectue une variation sur le fameux thème du « Merde à Dieu » de Rimbaud – et ce dans le *Zeitgeist* postmoderne...

Mais Abdallah Zekri, délégué général du Conseil français du culte musulman (CFCM), n'est pas un instituteur de la République, ceux-là ne font plus la loi, mais l'un des nouveaux influenceurs de notre société nihiliste. Il dit : « Cette fille, elle sait ce qu'elle a dit. Elle a pris ses responsabilités. Qu'elle critique les religions, je suis d'accord, mais d'insulter et tout ce qui s'ensuit... Maintenant, elle assume les conséquences de ce qu'elle a dit. [...] Elle l'a cherché, elle assume. » Ce qui veut dire, une fois traduit par notre instituteur de la IIIe République : « Quand elle se sera fait égorger, il ne faudra pas qu'elle vienne se plaindre. »

Je parie que ce monsieur ne sera pas poursuivi pour incitation à la haine raciale. Et, je ne sais pas pourquoi, je crois que je gagnerai mon pari.

Lundi 27 janvier

Trop de phallus empaillés

Une chercheuse au Muséum d'histoire naturelle de Londres estime que la surreprésentation des mâles dans les musées, comme celui dans lequel elle travaille, s'avère extrêmement fâcheuse. Trop de phallus empaillés, pas assez de vagins bourrés de foin, voilà qui ne permet pas de lutter correctement contre les stéréotypes de genre ! On trouve donc beaucoup trop de mâles oiseaux et de mâles mammifères naturalisés dans les musées de Londres, Paris, New York, Washington et Chicago.

Madame Natalie Cooper – c'est le nom de la chercheuse qui, pour une fois, a trouvé – publie les résultats de ses cogitations genrées dans une revue dite « scientifique », ce qui, bien sûr, confère tout son sérieux à pareilles trouvailles.

La chose paraît d'autant plus dommageable pour la dame que ce manque de références concernant la taille des femelles rend difficiles les découvertes scientifiques, bien sûr, des chercheurs soucieux des changements de tailles à venir pour cause de réchauffement climatique de la planète.

Cette muséologie gendrée, phallocratique et misogyne s'avère effectivement extrêmement préjudiciable pour la science, comme dirait mademoiselle Thunberg.

Mardi 28 janvier

L'amour en moins

Europe 1 a diligenté une enquête qui permet d'apprendre qu'à peu près trois cents internautes français ont commandité des viols et des tortures d'enfants philippins à distance. La capitaine de police Véronique Béchu, qui dirige le service de lutte contre ces pédocriminels, dit au micro de cette radio : « Ils payent 15-20 euros pour des sessions de quarante-cinq minutes à une heure de viols et d'actes de torture et de barbarie sur l'enfant sur Internet. Lors des shows, ils donnent des ordres, donc ils sont à l'origine de l'infraction. »

La plupart du temps, ce sont les mères qui organisent ces violences sur leurs enfants.

Lire et relire *L'Amour en plus* d'Élisabeth Badinter, qui déconstruit le mythe d'un amour maternel naturel. La femme n'est pas toujours l'avenir de l'homme.

Mercredi 29 janvier

Cul par-dessus tête

Madame Pénicaud, ministre du Travail chez Emmanuel Macron, a fait carrière chez la socialiste Martine Aubry mais également, ce qui n'est pas contradictoire et qui se trouve même d'ailleurs plutôt raccord, dans des entreprises comme Dassault,

Danone, Orange, la SNCF, Aéroports de Paris, où elle a gagné, dit-on, beaucoup beaucoup d'argent. Elle a trempé dans ce qui aurait pu être un scandale mais ne l'a pas été : elle a en effet organisé une soirée sans appel d'offres ayant permis une levée de fonds considérable au profit du candidat Macron à Los Angeles dans des conditions assez obscures pour que la justice s'y soit intéressée, mais pas trop ni trop longtemps. Parmi les ministres du gouvernement, elle dispose du plus haut patrimoine déclaré. C'est elle qui pilote la réforme des retraites qui met des millions de gens dans la rue, détruit un système social humaniste et paupérise la majeure partie de la population.

C'est donc cette personne capée en matière sociale qui vient de refuser d'étendre de cinq à douze jours le congé de parents ayant perdu leur enfant. Il n'était pas question, selon cette dame socialo-macronienne dont la réputation de brute en matière de ressources humaines semble avérée, que les patrons aient à mettre la main à la poche, car c'était bien plutôt aux pauvres de le faire – elle parle de façon orwelienne de « solidarité nationale ». Les députés LREM lui ont emboîté le pas. C'est dire quelle idée ces progressistes autoproclamés se font et du progrès, et de l'humanité, et de la souffrance des hommes.

En dernière minute, les époux Macron trouvant que pareil cynisme pouvait se payer cher lors des prochaines élections municipales, ont demandé au pouvoir législatif de revoir sa copie. Lors d'un voyage en Israël, concernant l'affaire Sarah Halimi dont le meurtre ne sera pas jugé sous prétexte que les juges ont décidé de l'irresponsabilité pénale du criminel antisémite puisqu'il avait fumé des pétards ayant obscurci son jugement, le même Macron avait déjà demandé au pouvoir judiciaire qu'il y réfléchisse à deux fois.

Jadis, du temps où l'école enseignait deux ou trois choses, on définissait le régime démocratique comme celui dans lequel les pouvoirs exécutif, législatif et judiciaire étaient strictement séparés. Mais c'était jadis…

Vendredi 31 janvier

L'art de retourner sa veste

Après trois années de propagande éhontée contre le Brexit coupable – si l'on en croyait la quasi-totalité des médias, dont ceux du service public qui n'ont pas été les derniers à propager cette intoxication – de ramener la Grande-Bretagne à l'âge des cavernes, l'Europe à celle des frontières marxistes-léninistes et nationales-socialistes, la relation entre les peuples de part et d'autre de la Manche à celles qu'entretiennent les Coréens du Nord et ceux du Sud, voici que je reçois cette alerte sur mon iPhone ce jour à 13 h 25 : « LCI, Brexit. Et si l'Angleterre avait (économiquement) raison ? »

Encore un effort et bientôt la parenthèse et son contenu vont disparaître. Si Marine Le Pen devait l'emporter un jour, ce serait un beau spectacle de voir les traîtres au peuple venir ventre à terre manger à la nouvelle gamelle. J'aurais pour ma part gardé ma mémoire et mon bâton de Diogène...

FÉVRIER

Dimanche 2 février

L'oxymore de la soumission

Un nouvel attentat perpétré à Londres a permis à un terroriste islamiste d'attenter à la vie de deux personnes en essayant de les égorger avec un couteau et une machette. Les deux victimes ont été blessées ; l'assaillant a été tué.

Les médias parlent d'« un incident de nature terroriste ». Si l'on peut associer « incident » et « terroriste », c'est soit que l'incident n'en est pas un, soit qu'il n'est pas question de terrorisme.

Pareil oxymore témoigne du rapide progrès qu'effectue l'Europe vers plus de soumission encore.

Dimanche 2 février

Copenhague-sur-Loire

Le départ du prochain Tour de France aura lieu à Copenhague. Les deux épreuves suivantes se dérouleront également au Danemark. Trois étapes de la course française se feront au royaume de Hamlet. Soit 14 % de la totalité de la Grande Boucle. Les autres étapes ne sont pas encore connues.

Si un prochain jumelage avec le Dakar qui a eu lieu en Arabie saoudite, après s'être aussi déroulé en Amérique du Sud, devait être envisagé, ce ne serait que justice.

Lundi 3 février

Pénis de femme et vagin d'homme

Emmanuel Macron, assistant du philosophe Paul Ricœur, nous a-t-on tant dit, mais aussi président de la République, a donné une leçon de biologie, d'anatomie, de philosophie, de physiologie, de génétique, d'ontologie, de métaphysique, mais aussi de psychopathologie à Pascale Morinière, présidente des Associations familiales catholiques, en lui disant ceci : « Votre problème (*sic*), c'est que vous croyez qu'un père, c'est forcément (*sic*) un mâle (*sic*). »

On aime, chez cet homme dont il fut abondamment précisé qu'il avait des diplômes de philosophie

– en l'occurrence : une maîtrise sur Machiavel avec un directeur de thèse, Étienne Balibar, qui ne s'en souvient pas… –, cette pratique du langage vétérinaire qui lui fait préférer « mâle » à « homme », et cette idée qu'affirmer cette évidence qu'il faut un père pour un enfant – car, quelle que soit la technique de procréation médicalement assistée, il faut toujours un spermatozoïde… – signalait chez une personne de bon sens l'existence d'un… « problème » !

Quand, par la grâce transhumaniste, les femelles produiront des spermatozoïdes et les mâles des ovules, il sera trop tard pour parler de « problème »…

Lundi 3 février

Tellement Sibeth

Depuis plus d'un an, la police de Castaner tape fort sur les Gilets jaunes ou quiconque manifeste contre la politique maastrichienne dont le président de la République est le valet.

Or, cette violence déchaînée fait bien rire Macron car, au festival de la BD d'Angoulême, il pose, hilare, en présence du dessinateur Jul qui tient un tee-shirt floqué de l'un de ses dessins anti-flic où l'on voit un chat éborgné et en sang avec cette légende : « LBD 2020 ».

L'ineffable Sibeth monte au créneau pour éteindre l'incendie ainsi déclenché en affirmant que pareille photo témoigne de l'attachement de son Grand Timonier de président à la dérision, à l'humour, à la drôlerie, à la satire, à la liberté de la presse, à la liberté d'expression, etc. Dieu que cet homme est drôle en effet ! Il y a bien longtemps que nous n'avons eu un président de la République aussi comique !

Jadis, déjà, il avait manifesté un grand sens de l'humour en s'affichant, complice, très complice, avec des Antillais dénudés qu'il enlaçait avec un plaisir non dissimulé alors que l'un d'entre eux faisait ostensiblement un doigt d'honneur. Face au légitime déluge planétaire de messages outrés, le cliché fut présenté par la même Sibeth comme le signe que son Maître souscrivait en effet à ce geste obscène, mais parce qu'il était destiné au fondement des électeurs du Rassemblement national ! À l'époque, quiconque, comme moi, n'avait ni apprécié le geste, ni goûté sa drôlitude, ni souscrit à sa justification *a posteriori*, fut transformé en raciste homophobe – puis, pour ma part, et par régime spécial, viré illico de France Culture après une quinzaine d'années de bons et loyaux services.

Lors de l'acte 64 des Gilets jaunes, le 1er février, des CRS ont poursuivi et pourchassé des militants jusque dans une église à Toulouse. Sous l'émotion et face à la condamnation de l'évêque, la préfecture a plaidé l'« inadvertance » !

Gageons que la Sibeth qui ose tout, c'est d'ailleurs à cela qu'on la reconnaît, va arguer que ce fut à l'insu du plein gré des forces de l'ordre, venues se réfugier dans l'église pour se protéger des gaz lacrymogènes et obtenir dans ce lieu une paix de l'âme qui leur manquait dehors, où la populace lui cause tant de misères depuis plus d'un an…

Jeudi 6 février

Le clitoris français

El País du jour publie un article dont le titre est : « La France pionnière de la chirurgie réparatrice du clitoris ». Le pays accueille cent vingt-cinq mille victimes de ces mutilations. On y apprend également que l'intervention est « prise en charge par le système de santé public depuis 2004 ».

Enfin un domaine où la France est pionnière.

Jeudi 6 février

N° 5 de Charnel

Après que Gwyneth Paltrow, une actrice américaine, a choisi de lancer une bougie à l'odeur de son vagin, la chanteuse américaine de soul Erykah Badu annonce l'arrivée sur le marché d'un encens parfumé aux mêmes fumets. Il a pour nom Badu Pussy.

Elle donne la méthode de fabrication de sa poudre culottée : « J'ai pris beaucoup de mes culottes, je les ai coupées en petits morceaux et je les ai brûlées. Même la cendre en fait partie. » La dame est déjà connue pour d'autres saillies narcissiques et égotistes du même tabac. Celle-ci par exemple : « Les filles, pour un vagin sucré, je bois souvent du pur jus de cranberries. »

Cet encens vaginal est présenté comme un hommage à sa « superpuissance » – intellectuelle probablement.

Dimanche 9 février

L'inhumanité

L'Humanité, qui fut un peu le journal de Jaurès et beaucoup celui de Staline, titre en une de son édition du week-end « Stop à l'impunité policière ! » et invite à une manifestation « contre l'impunité des violences policières ». Le journal publie la liste de vingt-six personnes victimes de ces fameuses violences l'an dernier, dans laquelle on peut lire le nom de Mickaël Harpon, qui n'est autre que le terroriste islamiste abattu par la police, en effet, mais après qu'il eut égorgé quatre des leurs au nom du Prophète.

Suit une pétition signée par de bonnes et belles consciences humanistes – slameurs, rappeurs, comédiens, footballeurs, cégétistes... Quelle belle chose que le progressisme !

Lundi 10 février

Regarder aux poils du pinceau

Dans le Maryland, le musée d'Art de Baltimore prévoit de n'acheter que des œuvres de femmes et s'engage à ne promouvoir que des artistes féminines pour la vingtaine d'expositions à venir. Il s'agit en effet d'arrêter, disent ses autorités, d'« acheter de l'art qui n'est pas bon, juste parce qu'il est fait par des artistes blancs connus. Commencez à prendre des risques et à investir dans des artistes noirs et de couleur vivants. »

L'histoire ne dit pas encore si être femme et être noir interdit ontologiquement de produire des œuvres nulles, mais ça ne saurait tarder.

Lundi 10 février

Pédagogies nouvelles

La psychologue clinicienne rattachée à la brigade locale de la protection de la famille du commissariat de Boulogne-Billancourt dans les Hauts-de-Seine rapporte qu'elle est sollicitée deux à trois fois par mois pour des cas d'enfants « qui ont été exposés à des vidéos porno et qui essaient de reproduire ce qu'ils ont vu dans leur fratrie. Je vois des enfants victimes de quatre-cinq ans qui ont subi des tentatives de viol de leurs frères. »

Marc Dorcel a remplacé le dictionnaire Larousse.

Lundi 10 février

Mort des vivants et vie des morts

En Corée du Sud, une mère de famille ayant perdu une petite fille de sept ans a rencontré son double numérique : casque de réalité virtuelle (*sic*) sur la tête, elle a donc été mise en présence du simulacre de son enfant à qui elle a parlé et qui lui a répondu, qu'elle a touchée avec ses gants numériques et qui l'a également touchée. Avant que la petite morte ne retourne au ciel sous forme de papillon.

La mère porte déjà sur elle des cendres de sa fille dans un collier. Le chamanisme freudien, qui a inventé l'expression délirante « faire son deuil », alors que c'est le deuil qui nous fait, n'a pas encore dit ce qu'il fallait en penser.

Mercredi 12 février

Les règles du je

Deux femmes députées, une macroniste et une mélenchoniste unies en un front commun, ont déposé un rapport parlementaire intitulé « Déconstruire les tabous ». Ce document propose, en quarante-sept recommandations, de rendre les menstruations moins « génératrices d'angoisses et de souffrances » car « la prise en charge insuffisante de la question des menstruations contribue à perpétuer les inégalités entre les femmes et les hommes. »

Pourquoi pas, ici comme ailleurs, et dans une grande geste progressiste audacieuse, proposer la parité en matière de règles ?

Mercredi 12 février

Chef de l'État et état du chef

Emmanuel Macron, président de la République française, chef de l'État français et, de ce fait, comptable de l'histoire de France comme le furent Louis XIV et le général de Gaulle, pour ne prendre que ces exemples chers à son cœur, a réuni des députés de son parti La République en marche pour leur dire : « Soyez fiers d'être des amateurs ».

Gageons que cette fierté n'en est qu'à son début, d'autres occasions ne manqueront pas de venir…

Jeudi 13 février

C'est fou !

Le Collectif luttes et handicaps pour l'égalité et l'émancipation dénonce le « validisme », aussi nommé « capacitisme », sous prétexte qu'il s'avère une idéologie coupable. Pour quelles raisons ? « Parce qu'il se caractérise par la conviction de la part des personnes valides que leur absence de handicap et/ou leur bonne santé leur confère une position plus enviable et même supérieure à celle des personnes handicapées. » La « psychophobie » concerne les handicapés mentaux « neuroatypiques », autrement dit les autistes, et les « psychoatypiques », à savoir les bipolaires et les schizophrènes. Avoir une attitude bienveillante et manifester de bonnes intentions à leur endroit, les héroïser ou les infantiliser, voilà une « handiphobie » coupable. Le porte-parole du collectif militant CLE autiste affirme : « L'autisme n'est pas une pathologie. »

Et la négation de l'autisme ?

Mardi 18 février

Castrat diva

Lucia Lucas est une chanteuse lyrique américaine qui a changé de sexe, elle est donc devenue une femme, mais a gardé sa voix de baryton. Un contrat lui a permis de chanter à Tulsa dans l'Oklahoma le rôle-titre du *Don Giovanni* de Mozart. Une autre fois, cette désormais femme a tenu le rôle de Wotan dans *La Walkyrie* de Wagner.

Bientôt des géants pour jouer le rôle du nain Alberich dans la *Tétralogie* pour éviter l'handiphobie ?

Mardi 18 février

Prendre Lang

Pour lutter contre ce qu'il est convenu de nommer le « séparatisme », un mot qui cache la haine irréversible de la France dans les territoires perdus de la République, Jack Lang, qui se trouve à la tête de l'Institut du monde arabe, propose d'enseigner l'arabe.

Pourquoi pas le français ?

Jeudi 20 février

Hache de guerre

Le Figaro nous apprend que, chaque jour, on enregistre cent vingt attaques au couteau en France.

Douce France…

Jeudi 20 février

Le chef des amateurs

À Mulhouse, Emmanuel Macron a tenu un discours qui se voulait fondateur sur le sujet en disant que l'islam politique n'avait pas sa place en France. Ce jour, il s'agissait en effet de répondre à la question « Comment lutter contre le séparatisme islamique ? »

Quelques minutes plus tard, au milieu d'une foule de journalistes dans laquelle il devait y avoir quantité de gardes du corps et de membres de sa police de protection, Macron a été photographié en présence d'une femme intégralement voilée – ce qui est interdit par la loi française, la loi du 11 octobre 2010 interdisant en effet la dissimulation du visage dans l'espace public.

Que croyez-vous qu'il se passa ?

Rien.

Jeudi 20 février

Le nouveau Code noir

Une dramaturge canadienne d'origine amérindienne et asiatique, également *queer*, Yolanda Bonnell, a interdit aux critiques littéraires blancs d'écrire sur sa pièce de théâtre montée à Toronto. L'œuvre, *Bug*, évoque « les femmes d'une famille indigène confrontées à la toxicomanie et au trauma intergénérationnel ». Au début de la soirée, la dramaturge « demande aux femmes indigènes dans la salle de se lever pour que le reste du public reconnaisse leur présence ». Elle dit également : « Dans le cadre de notre volonté de décoloniser l'art et d'encourager une pratique de la critique culturellement informée, ma compagnie théâtrale, Manidoons Collective, a exigé (*sic*) que seuls les indigènes, Noirs et personnes de couleur (IBPOC) rendent compte du spectacle. » Les Blancs ont le droit d'être là, mais ils doivent garder le silence sur ce qu'ils ont vu. Selon cette dame, « le critique blanc n'aime que l'art blanc. Une ignorance fondamentale et insurmontable l'empêche (*sic*), par exemple, de comprendre l'intérêt d'une suite de mouvements répétitifs inspirés du ritualisme ojibwé dans un espace tortueux/crypté. Mal informé, le critique blanc pourrait aller jusqu'à trouver ça ennuyeux. Et même lorsqu'il croit naïvement apprécier l'œuvre non blanche, il la discute en réalité selon les critères de l'art blanc. » Dès lors, le critique blanc « contribue à coloniser encore un peu plus la performance indigène ».

Pourquoi ne pas envisager d'interdire purement et simplement le spectacle aux Blancs ? Au moins, ce serait clair.

Le Ku Klux Klan à l'envers c'est encore le KKK.

Mercredi 26 février

Ève en tenue d'Adam

Dans l'Utah, une Américaine qui faisait des travaux d'isolation de garage avec son mari s'est mise, comme lui, torse nu en présence des trois enfants de son nouveau compagnon. Il faisait chaud et la poussière volait partout.

Traînée devant les tribunaux par la génitrice de ces gamins qui ont entre neuf et treize ans, l'amazone a plaidé coupable pour attentat à la pudeur devant un adulte : son mari. À défaut, elle serait passée en jugement et aurait été fichée comme délinquante sexuelle en cas de condamnation. Le procureur a en effet estimé qu'il s'agissait bien d'un attentat à la pudeur.

Make America great again, comme disait l'autre !

Vendredi 28 février

L'outre-noir

Lors de la cérémonie des Césars, l'actrice sénégalaise Aïssa Maïga a dit : « À chaque fois que je me retrouve comme ça, dans une grande réunion du métier, je ne peux m'empêcher de compter le nombre de Noirs dans la salle. » C'était une autre façon de compter les Blancs qu'elle estimait surnuméraires.

Jean-Marie Le Pen et Alain Finkielkraut qui, eux, jadis, comptaient les Blacks de l'équipe de France de football, sinon Renaud Camus qui dénombrait les juifs de France Culture, ont dû se sentir moins seuls.

Samedi 29 février

Casse-tête chinois

L'épidémie planétaire de covid-19 partie de Chine nécessite la fabrication de masques en quantité. Or 80 % de ceux-ci sont fabriqués en Chine et plus particulièrement à Wuhan, l'épicentre de l'infection.

Vive la mondialisation !

MARS

Dimanche 1er mars

Jarnibleu

Le cabaret transformiste Chez Michou survivra à son créateur, bien que le « roi de Montmartre » ait fait savoir en son temps qu'il ne le souhaitait pas.

On se réjouit pour Alain Juppé, ancien ministre des Affaires étrangères et de nombreuses autres choses, ancien Premier ministre, ancien présidentiable malheureux, ancien maire de Bordeaux, nouveau membre du Conseil constitutionnel, et pour Brigitte Macron, l'épouse du chef de l'État, qui étaient présents aux obsèques du cher disparu : ils pourront donc continuer à se rendre dans ce palais du bon goût français.

On a les Versailles qu'on peut.

Dimanche 1er mars

Grosses légumes

Pour cause de coronavirus dans l'Oise, un petit marché installé sur le grand parking d'un supermarché a été dégagé par la police arrivée sur place avec un véhicule dont les lumières bleues tournaient pour signaler le danger. Les commerçants ont dû remballer leurs marchandises, le rôtisseur a mis plus de cent kilos de viande à la poubelle, le manque à gagner de ces petites gens a compté pour rien. Jugulaire-jugulaire.

Je ne sache pas que le supermarché, lui, ait été fermé *sine die*. Les affaires sont les affaires.

Lundi 2 mars

Bouchard à l'émeri

Gabrielle Bouchard, présidente de la Fédération des femmes du Québec, a dit ceci : « Les relations de couple hétérosexuel sont vraiment violentes. En plus, la grande majorité sont des relations basées sur la religion. Il est peut-être temps d'avoir une conversation (*sic*) sur leur interdiction et abolition. » Et puis ceci, comme si cela ne suffisait pas : « On devrait discuter (*sic*) de la vasectomie obligatoire à dix-huit ans. »

Qui dira à cette dame, dont les connaissances en anatomie semblent plus que rudimentaires, ceci explique d'ailleurs souvent cela, que la vasectomie n'est pas la section du pénis, à quoi elle devait penser ? Car cette opération chirurgicale contraceptive conserve à l'homme la possibilité de l'érection et de la relation sexuelle, donc, dirait Bouchard, de « violer », mais pas de procréer.

Lundi 2 mars

Changer l'eau en devin

Bizarrerie de la vie, l'archevêque de Paris, monseigneur Michel Aupetit, a une double formation de médecin et de prêtre – c'est donc un genre d'homéopathe spécialiste du cancer en phase terminale…

Se réclamant du ministère de la Santé, il a estimé qu'il lui fallait apporter son obole dans la corbeille de l'État macronien qui, lui, n'a rien trouvé de mieux à nous conseiller pour répondre à l'épidémie de covid-19, contre laquelle il n'a rien fait pendant plusieurs semaines, que d'éviter la bise et la poignée de main – les salafistes adorent.

Voilà pourquoi le monseigneur a invité ses prêtres à vider l'eau des bénitiers de toutes les églises. Il a également prescrit de ne plus boire le vin au calice, de ne plus procéder à l'« échange de paix », ce rituel dont on ne sait s'il a été inventé dans *La vie est un long fleuve tranquille* ou au

Vatican, et qui consiste à se serrer la paluche ou à se donner l'accolade en pleine messe avec son voisin, ainsi qu'à « suspendre la communion eucharistique dans la bouche ». L'évêque de Beauvais, quant à lui, a fait plus martial : il a interdit toutes les messes dans l'Oise.

Vu le nombre de catholiques pratiquants, le covid doit bien rigoler.

Mardi 3 mars

La langue de Maastricht

Le candidat socialiste aux élections municipales de Saint-Denis a rédigé son projet dans un français dit « facile à lire et à comprendre ». Dans le sabir de l'époque, cet homme qui se croit de gauche dit se battre ainsi pour un « territoire 100 % inclusif ».

La méthode FALC a été élaborée en 2000 dans le cadre d'un projet européen appelé Pathways. En France, la fédération d'associations de défense des intérêts des personnes handicapées mentales porte habituellement ce projet. L'Union européenne en fait évidemment grand cas : elle dispose enfin de sa langue.

L'appauvrissement de la langue française enseignée par la droite et la gauche depuis Giscard d'Estaing, Mitterrand et les autres, porte enfin ses fruits. Avec un langage réduit à moins d'une centaine de mots, les idées ne sont plus possibles, encore moins les raisonnements, sûrement pas les argumentations. Restent les slogans. Une aubaine pour la dictature maastrichienne.

Lire ou relire Orwell : il l'avait prévu.

Mardi 3 mars

Le prurit narcissique

2020 est une année de Gaulle : cent trente ans de sa naissance, quatre-vingt ans de l'appel du 18 juin, cinquante ans de son décès, les films, les livres, les conférences, les plateaux de télévision, les débats, les couvertures de magazines, les dossiers dans les journaux, les numéros spéciaux sont au rendez-vous.

Les expositions aussi, bien sûr.

Parmi elles, *Comme en 40* au musée de l'Armée à Paris. Le muséographe propose de « reconstituer l'atmosphère de la période allant de la drôle de guerre à la fin de cette année décisive. L'exposition immersive (*sic*) amène les visiteurs à se poser la question : “Et moi, qu'aurais-je fait ? ” ».

Reconstituer des atmosphères afin de pouvoir répondre à un questionnaire à choix multiples, les fameux QCM, pour savoir, *in fine*, si l'on aurait été le collaborateur René Bousquet, l'ami de Mitterrand, ou le résistant Jean Moulin, l'ami du général de Gaulle, voilà une exposition à laquelle on va en effet pouvoir convier les scolaires.

Je présume que le ministère de la Culture d'Emmanuel Macron est partenaire. Malraux aurait adoré…

Post-scriptum : tiens, qu'aurait-il été, lui, Emmanuel Macron, résistant ou collabo ?

Mardi 3 mars

Salauds de pauvres

Un député macronien du Val-de-Marne, Frédéric Descrozaille, a estimé que certains agriculteurs « vivent bien » avec 350 euros par mois.

Ce monsieur est diplômé de l'Institut national agronomique avec une spécialisation dans le domaine du développement agricole ; il est également diplômé de l'Institut d'études politiques avec cette fois-ci une spécialité « communication et ressources humaines ».

Cet homme capé en agriculture, en communication et en ressources humaines, donc, a commencé sa carrière politique chez les socialistes, puis il est passé chez Bayrou, il est aujourd'hui chez Macron.

Qui dira qu'on n'apprend rien dans les grandes écoles ?

Samedi 7 mars

Culture et confiture

Le syndicat d'étudiants de gauche, l'UNEF, a débaptisé des amphithéâtres à l'université de Nanterre afin de leur donner des noms de femmes. C'est ainsi que la chanteuse Beyoncé a été honorée.

Après Bob Dylan, une autre idée de gauche pour le prix Nobel de littérature ?

Samedi 7 mars

Sévice public

Dans leur clip « Zéro détail », les rappeurs Sneazzy et Nekfeu chantent ceci : « Les journalistes salissent l'islam, sont amateurs comme Pascal Praud / Ça mérite une balle dans le cervelet, le canon au fond de la bouche. » Chaque fois que le nom du journaliste est prononcé, Nekfeu dit : « salope ».

Sur Le Mouv', une radio du réseau Radio France à destination des jeunes, voici comment on parle de cette chanson : il s'agit d'« un refrain entraînant, où les deux compères posent sur un air mélodieux des couplets complètement rap ». Et puis ceci : « Niveau lyrics, ces dernières sont soigneusement travaillées, comme ils savent si bien le faire. »

Et le texte ?

Quel texte ?

La faute de Pascal Praud ? Ne pas souscrire à ce lieu commun que l'islam serait une religion de tolérance, de paix et d'amour. Voilà bien qui mérite une balle tolérante, amoureuse et pacifique dans la tête.

Mardi 10 mars

Du pain et des jeux

À Landerneau, dans le Finistère, a eu lieu le plus grand rassemblement de Schtroumpfs connu au monde : soit trois mille cinq cents personnes déguisées et peintes en bleu et, avec la bénédiction présidentielle, réunies en pleine épidémie de covid-19 – nous en étions au stade 2.

Le record a été homologué dans le *Guinness Book.* Il était détenu auparavant par Lauchringen en Allemagne avec deux mille sept cent soixante-deux personnes, un pays bien connu pour la qualité de ses rassemblements de masse.

Mercredi 11 mars

Courageux mais pas téméraires

Suite à la chanson qui appelle au meurtre de Pascal Praud *(cf. samedi 7 mars)* le rappeur Sneazzy feint l'étonnement et la stupéfaction. Il invoque des propos sortis de leur contexte. Transformé en professeur au Collège de France, un habit qui lui va comme un gant, il explique ensuite que « balle dans le cervelet » et « canon au fond de la bouche » sont des métaphores. Il ajoute, faussement naïf, vraiment faux-cul, qu'il ne pouvait passer pour un apologiste de la violence puisqu'il combattait celle qu'on infligerait aux musulmans.

Bien sûr, il a signé son communiqué : « Paix et amour ».

Jeudi 12 mars

Femme à barbe

Le théâtre de la Bastille donne *Les Illusions perdues*, d'après Balzac, dans une version dite « genrée ». La mise en scène de Pauline Bayle s'avère révolutionnaire, puisque les personnages ne sont pas costumés mais portent les vêtements de ville de notre époque – il fallait y penser ! De même qu'il fallait penser à confier le rôle de Lucien de Rubempré à une femme aux longs cheveux.

Le Monde, qui rend compte de ce spectacle via Brigitte Salino, parle d'une « lucidité ravageuse ». Ne faudrait-il pas ajouter : « courageuse » ? J'aurais tendance à le croire.

Lundi 16 mars

Dos crawlé dans sa baignoire

Le président de la République annonce le confinement de toute la France pour cause de coronavirus. Mais il n'interdit pas le sport, pourvu que ce soit seul.

En même temps, dans la foulée, son ministre de l'Intérieur annonce clairement : « Restez chez vous ! »

Ce qui libère l'inventivité en la matière si l'on veut obéir aux deux hommes : « Nagez le dos crawlé dans votre baignoire, faites du cyclisme dans votre couloir, descendez vos escaliers en ski, du parachute en sautant du haut de votre armoire, partez en balade en canoë-kayak dans votre évier, de la spéléologie dans la canalisation de vos toilettes, de l'escalade en grimpant à vos rideaux, de l'équitation en tournant sur votre balcon » – où l'on constate que le macronisme ouvre des possibles insoupçonnés.

Mercredi 18 mars

Dieu merci

Le pape François s'est rendu dans deux églises de Rome, Saintc-Marie-Majeure et Saint-Marcel, pour passer un message à Dieu. Il a dit : « J'ai demandé au Seigneur d'arrêter l'épidémie.

“Seigneur, arrête-la de ta main.” » En omettant toutefois de lui dire qu’après cela, il lui faudrait tout de même se la laver au savon ou au gel hydroalcoolique.

Le plus intéressant d’un point de vue théologique eût été de savoir pourquoi celui qui peut arrêter la pandémie l’a voulue !

Lundi 23 mars

Connard à virus

Dans le même esprit, le frère de Tariq Ramadan, Hani, directeur du Centre islamique de Genève, un haut lieu de la philosophie musulmane donc, assure que les hommes, en se livrant à la « turpitude », déclenchent les épidémies nouvelles.

Une pierre de Caïn dans le jardin d’Abel…

Mardi 24 mars

Cacher les morts

Les morts dans les hospices, autrement nommés Ehpad, les désormais fameux établissements d’hébergement pour personnes âgées dépendantes, ne sont pas comptabilisés dans les chiffres officiels des victimes du coronavirus. De même pour les personnes décédées à leur domicile.

Dès lors, quand Jérôme Salomon, directeur général de la Santé, annonce chaque soir le nombre de morts en France, les chiffres sont clairement mensongers. Ce ne sont en effet que les chiffres remontés des services hospitaliers.

Sept morts à Sillingy en Haute-Savoie, vingt morts à Cornimont dans les Vosges, quinze morts à Thise dans le Doubs, treize morts à Saint-Dizier en Haute-Marne, cinq morts à Paris à l'Ehpad Rothschild, cinq décès à Mauguio dans l'Hérault, voilà, par exemple, ce qui a été dissimulé depuis les derniers jours…

Cacher des cercueils n'empêche pas les morts. Le jour venu, ils ne manqueront pas de revenir tourmenter certains vivants.

Mardi 24 mars

La réalité dépasse la fiction

À l'Assemblée nationale, la députée de la France insoumise Danièle Obono, bien connue pour ses prises de position indigénistes, a participé à la séance de questions au gouvernement les cheveux entièrement dissimulés sous une coiffe militante. Dans l'enceinte même de la représentation nationale, on n'a pas trouvé à redire à cette violation manifeste de la loi. Pendant l'épidémie, les affaires continuent.

En ces heures de confinement, on pourra lire ou relire *Soumission* de Michel Houellebecq.

Mardi 24 mars

Le virus est halal

Lu sur le compte Twitter d'Idriss Sihamedi, le fondateur de l'ONG BarakaCity : « La première fois de ma vie que je peux dire à une femme qui veut me serrer la main "non" dans la joie et la bonne humeur. Ça fait bizarre de voir que des choses halal deviennent normales. »

« Bizarre » est en effet le mot…

Mardi 24 mars

Mauvais genre

Iris Brey, une Américano-Française, enseigne à l'université de New York. Elle a publié deux livres pour dénoncer la suprématie des hommes dans le cinéma.

Formée à Deleuze, Guattari, Foucault, Barthes, Lévi-Strauss, Lacan, Lyotard, Baudrillard, la crème du nihilisme français, la fameuse *French Theory*, il lui est apparu sur le tard, bien formatée par ces mâles, que ça faisait trop de Gilles, trop de Félix, trop de Michel, trop de Roland, trop de Claude, trop de Jacques, trop de Jean-François, trop de Jean et pas assez de Josette : « En rédigeant la première version de mon livre, j'ai réalisé que je mobilisais beaucoup de références théoriques à des hommes, parce que je me sentais obligée de montrer que je les avais lues, que je m'inscrivais dans leur sillage. Je les ai finalement enlevées pour me défaire de cette autorité paternelle », a-t-elle dit sur le site Trois Couleurs, à propos de la parution de son dernier ouvrage, *Le Regard féminin. Une révolution à l'écran.*

Elle aurait pu citer Beauvoir, Simone, ou Butler, Judith, mais la première n'a fait que recycler les thèses de Sartre, Jean-Paul, et la seconde celles de Simone, donc celles dudit Jean-Paul.

Si ma tante en avait, on l'appellerait mon oncle. Dur de pouvoir vraiment tuer tous les pères…

Mercredi 25 mars

Haute sécurité

Clandestins relâchés, tribunaux fermés, première salve de libération de cinq mille détenus, annulation de l'exécution des courtes peines, tolérance totale pour les hors-la-loi des territoires perdus de la République qui ne respectent pas le confinement, rejet par le Conseil d'État de la demande de fermeture temporaire des centres de rétention administrative déposée par des associations et organisations professionnelles : pendant l'épidémie, la politique continue.

Jeudi 26 mars

Danser sur des cercueils

Sur France 3 Grand Est, les journalistes ont rapporté que les tenants de l'idéologie maastrichienne déploraient l'épidémie. Pour quelles raisons? « La pandémie de covid-19 perturbe fortement le vingt-cinquième anniversaire de l'entrée en vigueur des accords de Schengen ce jeudi 26 mars. » Quelle guigne en effet, ces milliers de morts européens qui empêchent les banquiers et les marchands de faire la fête !

Vendredi 27 mars

Pédaler dans le vide

La ministre des Sports Roxana Maracineanu propose que le Tour de France 2020 se tienne à huis clos. Du 27 juin au 19 juillet, les départs, les arrivées et les cols seraient donc privés de public. Les cyclistes devraient-ils respecter la distance de sécurité d'un mètre dans le peloton ? La dame dit : « Finalement, ce ne serait pas si pénalisant puisqu'on pourrait le suivre à la télévision. »

Une bonne idée à refiler au ministre du Tourisme : cesser de se déplacer en vacances et regarder un documentaire du pays qu'on aurait voulu visiter. Voilà qui nous permettrait de nous mettre *en marche* vers la virtualisation du réel !

Vendredi 27 mars

Pauvre malade (1)

Au Conseil des ministres, Emmanuel Macron a mis en garde son gouvernement : « On se souviendra des gens qui ont été à la hauteur et de ceux qui ne l'ont pas été. »

Il n'imagine probablement pas combien, le jour venu, les Français vont lui donner raison.

Dimanche 29 mars

Pauvre malade (2)

Concernant la décision du confinement, sur un bandeau déroulant de BFM TV, à 11 h 36, on peut lire ce propos d'Édouard Philippe : « Je ne laisserai personne dire qu'il y a eu du retard sur la prise de décision. »

Si tel avait été le cas, en effet, tout le monde s'en serait aperçu.

Mardi 31 mars

Postvérité macronienne

« Nous devons rebâtir notre souveraineté nationale », a dit Emmanuel Macron à Angers.

Serait-ce qu'elle est morte ? Mais qui donc peut bien l'avoir tuée ? Quels sont les coupables ?

Livrons les noms… Avec quelle politique? Donnons le détail… Macron y serait-il pour quelque chose, lui qui vient de chez Hollande?

Mardi 31 mars

Adoptez un riche!

Sans rire, Gérald Darmanin, ministre des Comptes publics, sollicite les pauvres en lançant un appel aux dons afin d'aider les entreprises! Il souhaite que, par un souci de justice admirable, les pauvres aident les riches.

AVRIL

Mercredi 1er avril

Rien.

Dimanche 5 avril

Islamo-gauchisme, travaux pratiques

Un attentat islamiste a été perpétré à Romans-sur-Isère dans la Drôme. Il a été commis par un réfugié soudanais de trente-trois ans nommé Abdallah Ahmed-Osman. Il a crié « Allah Akbar », prié à genoux en arabe avant d'égorger deux personnes.

Interrogé sur ce double crime, Jean-Luc Mélenchon a d'abord dit qu'il ne connaissait pas le dossier avant d'ajouter, parce que les journalistes, pas dupes de son esquive, sont repartis à la charge, que le maire du village où a eu lieu le rassemblement d'évangélistes à Mulhouse qui a provoqué le « désastre sanitaire » du coronavirus aurait dû interdire cette réunion…

Vous ne voyez pas le rapport ? Vous avez raison, il n'y en a pas.

À moins que…

Lundi 6 avril

La vie des bêtes

Avec le confinement dû à l'épidémie de covid-19, les animaux sauvages reviennent dans les villes et les Parisiens dans les campagnes.

Intéressant croisement des mammifères.

Mardi 7 avril

Il fallait y penser

Le journal *Hindu* nous apprend qu'un couple d'Indiens a donné naissance à des jumeaux. Il s'est empressé de les prénommer Covid et Corona. Leurs arguments : « Mon mari et moi voulions rendre la journée mémorable. Nous avons eu tellement de mal à accoucher ici. »

C'est en effet un bon moyen mnémotechnique.

Mercredi 15 avril

Pas mon genre

À Londres, une Britannique de vingt-trois ans attaque Tavistock, une clinique spécialisée dans le « développement de l'identité de genre ». Pour quel motif ? « Le personnel médical aurait dû davantage remettre en cause sa décision de devenir un homme, alors qu'elle était adolescente. » Dans ce genre d'établissement, il suffit à un adolescent mal dans sa peau – pléonasme… – d'estimer qu'en changeant de sexe tout se trouvera réglé pour obtenir le droit de passer sur le billard. Ainsi, à seize ans, après trois rendez-vous d'une demi-heure, les médecins de cette clinique lui ont prescrit un traitement qui bloque le développement hormonal et stoppe donc une puberté en cours. Après un an de soins, l'adolescente est invitée à absorber de la testostérone. Sa voix mue, son système pileux se développe comme celui d'un garçon. Quelque temps plus tard, elle subit une ablation des seins.

Puis, un beau jour, elle arrête son traitement hormonal et se dit « maintenant (*sic*) prête à accepter son sexe de femme ».

Refusant, bien sûr, de se remettre en cause, sinon de se retourner contre ses parents pour non-assistance à adolescent en danger, elle se dit « en colère contre ce qui lui est arrivé ces dix dernières années ».

Bien sûr, c'est la clinique qu'elle attaque…

Mercredi 15 avril

Ceci n'est pas une pipe

Un Afghan armé d'un couteau à La Courneuve, en Seine-Saint-Denis, s'est jeté sur des policiers après les avoir menacés. Les policiers ont tiré.

Les journalistes estiment le soir même que rien ne permet de parler d'un acte terroriste.

Vendredi 17 avril

Des nouvelles de Pinocchio

Jean-Luc Mélenchon, l'homme qui, quand il était sénateur socialiste, soit pendant une vingtaine d'années, a défendu le projet libéral maastrichien, s'exprime sur le retour inopiné du souverainisme en période d'épidémie : « Ça paie de tenir bon sur les concepts essentiels »...

Que serait-ce en effet si ce Petit Timonier louvoyait ?

Samedi 18 avril

Dieu bon

En Mauritanie, un imam salafiste interdit que le virus soit appelé par son nom... Pour quelle raison ? Dans « coronavirus », il y a « coran » ! L'homme de foi explique que ce mot a été inventé par des infidèles pour salir son livre saint.

En Israël, le rabbin Shlomo Aviner dit sa grande satisfaction de voir, grâce au virus, « quasiment toute la culture gentille interdite, des universités aux loisirs, en passant par les voyages ».

En Inde, un dignitaire hindouiste a estimé que le virus n'en était pas un. Quoi d'autre alors ? C'est un avatar pour punir les non-végétariens. D'autres hindouistes invitent à se prémunir de l'épidémie en buvant de l'urine de vache. D'autres, plus zélés, y ajoutent de la bouse.

Il n'y a pas à dire, Dieu, il faut le croire pour le voir.

Dimanche 19 avril

Un curé d'enfer

Entendu un prêtre de Mulhouse sur une radio catholique. Il constate que les septuagénaires et les octogénaires ne croient plus en Dieu. Il déplore, non sans raison, les effets de la déchristianisation. Il ajoute que pourtant, après la mort, il faut le savoir, « Dieu nous sauve » – sans se rendre compte qu'il se fait ainsi lui aussi déchristianisateur car, quid du purgatoire et de l'enfer dans la perspective où le salut existe, mais nullement la damnation ?

Depuis Vatican II, plus d'Enfer et plus de Purgatoire, que du Paradis. Peace & love.

Dimanche 19 avril

Un normalien normal

Dans *L'Écho*, André Comte-Sponville, « figure incontournable de la pensée française contemporaine », comme dit la légende de sa photo dans ce journal belge, affirme : « J'aime mieux attraper le covid-19 dans un pays libre qu'y échapper dans un État totalitaire. » La rédaction en a fait le titre de l'article, c'était trop beau.

Sous prétexte de réalisme, l'auteur du *Petit Traité des grandes vertus* y montre un total manque d'empathie pour les personnes âgées, y compris celles qui croupissent dans les hospices, en estimant, grosso modo, qu'elles ont fait leur temps et qu'il faut bien débarrasser un jour le plancher, alors de ça ou d'autre chose, où est le problème ? Pourquoi faire tout ce foin ? Le CAC 40 vaut tout de même mieux que les pensionnaires des maisons de retraite.

On ne comprend rien aux propos d'André Comte-Sponville si l'on ignore les ficelles enseignées à l'École normale supérieure dont il est un ancien élève – comme BHL et Badiou ou Enthoven le petit. Cette école est bien connue pour enseigner l'art de la forme sans que le fond importe vraiment, il suffit d'épouser le délire du temps – marxiste, freudien, structuraliste, néolibéral, maastrichien, etc.

De ce fait, on y apprend à faire une dissertation en trois points, machine de guerre de ces soldats de plomb. Or, notre philosophe a oublié le métier… Car il manque à son topo un troisième temps dans lequel il aurait pu envisager, par exemple, l'hypothèse synthétique de ne pas attraper le covid-19 dans un pays libre !

La conclusion aurait pu lui permettre, en citant Épicure, Montaigne ou Spinoza comme il sait si bien le faire, de briller avec un chiasme, une autre marque de fabrique de la maison – ça impressionne toujours le bourgeois… Du genre : « La raison de la maladie, c'est toujours la maladie de la raison », « Le virus dans cette société, c'est la société dans ce virus » ou « Le confinement des intellectuels, c'est l'intelligence du confinement »…

Sous couvert de profondeur, c'est toujours très beau, mais c'est à chaque fois faux.

Lundi 20 avril

Nu et non avenu

Sur son compte Instagram, Patrick Poivre d'Arvor lit chaque jour un chapitre de son livre titré *L'Ambitieux* dont la réception a été entravée par la crise. Il y apparaît un jour en marcel de camionneur, le lendemain torse nu, mais l'image est, hélas, cadrée au-dessus des tétons, tout en arborant une écharpe bleue. Je n'ai pas regardé si, le jour suivant, il était totalement déboutonné. Mais peut-on l'être déjà plus que ça ?

Post-scriptum n'ayant rien à voir : une enquête montre que le confinement conduit les Français à se négliger. Certains ne se lavent plus... Ce qui marche pour le corps fonctionne aussi pour l'âme.

Mardi 21 avril

Liberté chérie !

Sur France 24, une journaliste qui, de ce fait, se trouve du bon côté du manche idéologique, annonce le nouveau classement de la liberté de la presse établi par Reporters sans frontières. Bien sûr, elle tape sur la Chine, l'Iran, la Hongrie. Mais elle passe *totalement* sous silence une information qui ne manque pas d'intérêt : la France qui, l'an dernier, était à la trente-deuxième position – trente-deuxième position, oui... – perd deux points et régresse à la trente-quatrième place...

Le Surinam, le Samoa, la Namibie et le Ghana sont des pays où la presse est plus libre qu'à Paris. Merci qui ?

Jeudi 23 avril

Aimer son prochain

La chaîne catholique KTO TV explique dans des pastilles intitulées *3 Minute Catechism* (*sic*) que l'athéisme conduit directement au totalitarisme, le tout avec quantité d'images d'Adolf Hitler et de l'Allemagne nazie. L'argumentation est simpliste et vieille comme Dostoïevski à qui on la doit, mais qu'on évite de citer : « Si Dieu n'existe pas, alors tout est permis ! »

L'athée matérialiste que je suis, un nazi donc, demande à ces journalistes de KTO TV pourquoi il était écrit : « *Gott mit uns* », autrement dit « Dieu est avec nous », sur les ceinturons nazis ? Pourquoi le pape Pie XII a-t-il mis à l'index Descartes et Darwin, Pascal et Bergson, Montaigne et Sartre, Spinoza et Beauvoir, parmi tant d'autres, mais jamais *Mon combat* d'Adolf Hitler ? Pourquoi ce même souverain pontife a-t-il excommunié tout communiste, du simple fait qu'il le soit, mais jamais aucun nazi ? Pourquoi les criminels de guerre nazis ont-ils échappé aux procès après-guerre en passant de monastère en monastère, jusqu'à Rome où le Vatican leur fournissait des visas ? Ils partaient alors souvent en Amérique du Sud où certains devenaient les conseillers de dictateurs qui se réclamaient… du catholicisme.

J'ajoute ceci : pourquoi le pape François, jésuite jusqu'à la moelle, envisage-t-il aujourd'hui, malgré tout, une canonisation de ce fameux Pie XII ?

Amour du prochain probablement...

Vendredi 24 avril

Bonne idée

Quelques députés Les Républicains souhaitent reporter une partie des vacances d'été en septembre. Après la proposition d'Alphonse Allais de construire les villes à la campagne parce que l'air y est plus sain, voilà qui s'avère une excellente initiative.

Vendredi 24 avril

Soumission : nous y sommes

La police a envoyé ce message à l'agence France-Presse : « Le directeur général de la police nationale (DGPN) a été informé de la diffusion d'un télex de la direction départementale de la sécurité publique du Calvados donnant des instructions restreignant les conditions d'intervention et de patrouille de la police nationale pendant la période de ramadan. » Le chef d'état-major de la direction départementale de la sécurité publique (DDSP) a envoyé une note aux chefs de service du département dans laquelle on peut lire ceci :

« Il n'y a pas lieu d'intervenir dans les quartiers à forte concentration de population suivant le ramadan, pour relever un tapage, contrôler un regroupement de personnes rassemblées après le coucher du soleil pour s'alimenter. »

Autrement dit le tapage nocturne, le refus du confinement et de ses règles, dont l'interdiction des rassemblements, sont autorisés si c'est au nom de l'islam. La nuit est une circonstance aggravante en matière pénale, mais pas dans ce cas-là…

L'objectif ? « Éviter qu'un manquement aux règles de confinement ne dégénère et provoque un trouble supérieur de violences urbaines. »

Comment nomme-t-on la collaboration des forces de l'ordre avec les délinquants ? Un deal mafieux.

Rappel : le 19 avril, pour une messe à huis clos qui rassemblait sept personnes nécessaires à l'office, et ce dans la perspective d'une mise en ligne sur les réseaux sociaux, les forces de l'ordre sont entrées dans l'église Saint-André-de-l'Europe, à Paris, armes à la main – ce qui est contraire à la loi… Elles ont interrompu l'office.

Morale de cette histoire : choisissez bien votre religion si vous avez le projet de vous affranchir des lois françaises.

Samedi 25 avril

Marquage du bétail humain

Bill Gates voudrait réduire la population de la planète de 10 % à 15 % par vaccination. Cet homme, avec l'Unicef et l'OMS, a déjà été accusé d'avoir stérilisé intentionnellement des enfants kenyans avec des antigènes cachés dans des vaccins contre le tétanos. Il souhaiterait désormais implanter des capsules numériques dans l'organisme humain. Elles comporteraient des renseignements sanitaires sur le cobaye ainsi marqué. Par exemple, en signalant si le sujet est vacciné, ou pas, contre le covid-19 une fois arrivée l'heure du vaccin. Ces tatouages à points quantiques seraient élaborés notamment par l'Institut universitaire du Massachusetts (le fameux MIT) et… Microsoft.

Lundi 27 avril

Abracadabra

Pendant le confinement, les attentats continuent. Après celui de Romans-sur-Isère qui a fait deux morts et cinq blessés le 4 avril, celui du 27 avril à Colombes a mis en cause un homme ayant rédigé un acte d'allégeance à l'État islamique. Il portait un couteau. Youssef Tihlah a foncé en voiture, une BMW, sur trois policiers.

Sur une chaîne d'information en continu, un témoin dont le visage est flouté, mais pas l'accent, raconte : « Il a un petit problème psychologique, mais il le cache, alors on ne le voit pas. » Cette *information* passe en boucle pendant des heures.

Le « petit problème » est comme le dieu des monothéistes : invisible et tout-puissant.

Mercredi 29 avril

Bigard chez les progressistes

Dans *L'Obs*, une revue toujours à l'avant-garde éclairée de l'intelligence progressiste, la journaliste féministe Renée Greusard publie un texte dont le titre est : « Et si on profitait de ce confinement pour réfléchir vraiment à l'autofellation ? »

C'est en effet une bonne contribution au débat de la reconstruction de la gauche.

Jeudi 30 avril

Les arroseurs arrosés

Le gouvernement n'a peur de rien : il vient de lancer, via Sibeth Ndiaye, une autorité morale comme chacun sait, un site gouvernemental qui trie les informations en disant lesquelles sont bonnes, lesquelles mauvaises. Le nom du site ? Désinfox Coronavirus !

On ignore les critères de vérité de ce gouvernement qui nous a successivement dit en deux mois : que le covid-19 était une grippette avant de déclarer que nous étions en guerre contre une épidémie ; que le virus ignorait les frontières avant d'avouer qu'il reconnaissait tout de même celles de l'Europe, des départements, puis des appartements ; que les écoles ne seraient pas fermées avant de les fermer toutes ; que les gares et les aéroports resteraient ouverts avant de les boucler ; qu'il fallait continuer à sortir avant de nous confiner intégralement ; que les masques n'étaient pas utiles, voire que leur usage était dangereux, avant d'en imposer le port sous peine d'amende ; que les rassemblements étaient interdits sauf dans les quartiers qui fêtaient le ramadan…

Mediapart a publié un texte signé d'une trentaine de rédactions affirmant que « la presse française est indépendante de l'État et du pouvoir politique ». N'est-ce pas le plus drôle, finalement ?

Les désinformateurs veulent se réserver le privilège de la désinformation.

MAI

Vendredi 1er mai

Quelle est la couleur du virus ?

Sur un local CGT, derrière un militant qui assure le service médiatique pour la fête du Travail, une banderole annonce : « À bas le virus capitaliste. Oui aux jours heureux ! » Mais aussi : « Augmentation des salaires, trente-deux heures, des droits et du travail pour tous, démocratie, paix et solidarité entre les peuples, protection de la planète ! »

Pour Trump, le covid est chinois.

Dans *Le Point*, Luc de Barochez, qui lui répond, écrit : « Le virus n'est pas chinois, il est communiste. »

Des musulmans disent qu'il est mécréant ou judéo-chrétien, et des chrétiens qu'il est athée.

Quoi qu'il en soit, ce virus aura fait plus de malades qu'on ne pourrait l'imaginer.

Samedi 2 mai

Cochon qui s'en dédit

Agression d'Éric Zemmour dans la rue. Texto de Jean-Michel Aphatie : « Éric Zemmour a été agressé. Il ne peut pas y avoir de "si", de "mais", de glose. Cette agression est condamnable, elle doit être condamnée. Je le fais pour ma part sans réserve. »

Est-ce le même Aphatie qui tweetait le 12 décembre 2019 : « Éric Zemmour c'est un cochon de la pensée » ?

Or, habituellement, les cochons ça se saigne pour faire des saucisses et du boudin. On ne peut armer le bras du boucher, puis empoigner le mégaphone pour se déclarer végan une fois la bête en quartiers.

Il peut donc y avoir des « si », des « mais » et des gloses pour ceux qui balancent les porcs.

Samedi 2 mai

L'Europe fait la manche

La France subit les assauts d'une épidémie avec un chef de l'État qui ne sait que faire et qui parle sans fin pour noyer le poisson. Que fait l'Europe présentée comme la puissance souveraine depuis que la France ne l'est plus ? Plusieurs dirigeants européens proposent de collecter des fonds… avec un téléthon international ! Macron signe cet aveu de misère. Merkel aussi, c'est pourtant son Europe.

Les européistes, ça ose tout, c'est d'ailleurs à ça qu'on les reconnaît.

Samedi 2 mai

Salauds de vieux

Du démographe Emmanuel Todd : « On ne va pas sacrifier les jeunes et les actifs pour sauver les vieux. »

L'amour du prochain n'est pas la tasse de thé de la gauche humaniste et islamophile. En revanche, la fraternité, oui, tant qu'on voudra. Mais pas forcément avec tout le monde. Faut pas rêver quand même…

Dimanche 3 mai

Parle à ma tête

Le président de la République a téléphoné quarante-cinq minutes à Éric Zemmour et publié ce communiqué dans la foulée : « Par ce geste, l'Élysée a réaffirmé sa volonté de faire vivre le débat, et de ne tolérer aucune agression verbale ou physique qui viendrait menacer le bon déroulement de la vie démocratique et intellectuelle du pays. »

On dirait du Jdanov !

Dimanche 3 mai

Nazis partout, nazis nulle part

Caroline Fourest s'est exprimée sur l'agression d'Éric Zemmour dont les images circulent en boucle. Chacun aura pu voir son visage, entendre et sa voix et son accent. La journaliste associe le cracheur à des « énergumènes nazillons » !

Gageons que ce personnage doit probablement être un électeur du Rassemblement national.

Mardi 5 mai

La torture s'humanise

Des lycéens, qui ont souvent pour modèle Che Guevara qui avait la gâchette compulsive, facile et répétitive, ont été interpellés par la police lors d'une manifestation à Mantes-la-Jolie en 2018. Ils avaient participé à des dégradations et, pour cette raison, ils avaient été agenouillés dans une cour avec les bras sur la tête.

Six mois plus tard, une enquête est ouverte pour « torture sur mineur ».

On ne sait ce qu'en auraient pensé ceux qui, au fort Montluc, à Lyon, sont passés entre les mains de Klaus Barbie.

Vendredi 8 mai

Premier prix de l'humour politique

Une alerte arrive sur mon iPhone. Elle vient d'Europe 1 qui reçoit la porte-parole du gouvernement, Sibeth Ndiaye. Voici le texte qui l'accompagne : « Le gouvernement a été depuis le début de cette crise dans une transparence totale. »

Voulait-elle dire bien plutôt que le gouvernement a été depuis le début totalement transparent et qu'on voyait au travers comme avec un carreau sale ?

Le même jour, elle ajoutait aussi dans ce sabir qui est sa signature : « Il y a un rationnel derrière les décisions que nous prenons. » Oui, mais lequel ?

On cherche…

Lundi 11 mai

On pense pour vous

Selon Elon Musk, patron de SpaceX qui a le projet d'envoyer des humains sur Mars dans un temps bref, le langage humain pourrait disparaître d'ici cinq ans ! Son entreprise Neuralink travaille à la mise au point d'implants cérébraux destinés à programmer les individus. Bien sûr, pour l'heure, ce cynique annonce que la visée de ce projet est thérapeutique et qu'il permettrait aux aveugles de recouvrer la vue.

Avec Elon Musk, les aveugles verraient à nouveau mais ceux qui voyaient par eux-mêmes pourraient devenir aveugles. Tout dépendra du microprocesseur implanté.

Réjouissons-nous pour ceux qui retrouveraient la vue, ils pourront lire *Le Meilleur des mondes* d'Aldous Huxley. Ils découvriront que ce livre parlait déjà d'eux.

Mercredi 13 mai

Alias Yanis

En 2016, un jeune garçon de vingt-trois ans, Marin Sauvajon, étudiant en sciences politiques, avait tenté de s'interposer pour arrêter le passage à tabac d'un couple qui s'embrassait dehors. Alcoolisé et drogué, l'agresseur de dix-sept ans avait déjà un casier judiciaire bien chargé quand il a laissé pour mort Marin gisant dans son sang après l'avoir massacré à coups de canne anglaise. Après onze jours dans le coma, Marin a retrouvé conscience, mais ce fut pour comprendre qu'il était gravement handicapé.

Ce jeune agresseur s'appelle Yanis, mais, pour ne pas stigmatiser, bien sûr, *Le Figaro* l'a rebaptisé Lilian et *Le Parisien* Yoann.

En 2019, Emmanuel Macron a reçu Marin à l'Élysée pour le décorer de la Légion d'honneur afin de célébrer son acte de bravoure.

L'agresseur a quant à lui été condamné à sept ans et demi de prison en 2018 ; il a déjà demandé sa libération conditionnelle. Bien qu'il ait fait l'objet d'une quinzaine de sanctions disciplinaires pendant son incarcération, cette demande a été acceptée par le juge d'application des peines. Le parquet a fait appel.

Nous vivons une époque formidable !

Jeudi 14 mai

Le réchauffement du virus

Du haut de ses dix-sept ans, Greta Thunberg a fait partie d'un panel de « grands experts de la santé » lors d'une émission de CNN. Elle a parlé du covid-19 qu'elle a annoncé avoir contracté, bien qu'on prétende partout qu'il épargne les jeunes.

Samedi 16 mai

1984 en 2020

Facebook nomme une militante yéménite proche des Frères musulmans à son conseil de surveillance. Rappelons que les Frères musulmans se battent pour instaurer la charia dans le plus de pays possible. La loi Avia, adoptée par les députés macroniens, permet à Facebook, YouTube, Google, Qwant de retirer tout contenu jugé « manifestement (*sic*) illicite » après signalement par une ou plusieurs personnes.

La pensée critique sera bien surveillée. Il n'y aura bientôt plus qu'un seul discours. À quand des bûchers pour les athées comme aux riches heures de l'Inquisition ?

Dimanche 17 mai

Faut pas charia !

Responsable national des jeunes au Parti de gauche et conseiller politique de la France insoumise au Parlement européen, Amin Ben Ali écrit dans un tweet : « En Allemagne, en Espagne, en Grande-Bretagne ou en France, la (*sic*) ou (*sic*) les musulmans sont les plus présents, les droits LGBT sont les plus avancés. »

Rappelons qu'en Arabie saoudite, en Iran, au Yémen, au Soudan, en Mauritanie, au Brunei, pays où l'islam est au pouvoir, l'homosexualité est punie de mort.

Mercredi 20 mai

La fake news est une fake news

La loi Avia qui vise à restreindre la liberté d'expression se présente évidemment comme une loi qui la favoriserait !

L'article L312-9 du Code de l'éducation, une fois revisité, améliore « la formation à l'utilisation des ressources numériques » afin de contribuer « au développement de l'esprit critique, à la lutte contre la diffusion de contenus haineux en ligne et à l'apprentissage de la citoyenneté numérique » – ce texte a probablement été rédigé par Jacques Séguéla ou l'un de ses disciples… Ces bons lecteurs d'Orwell proposent de « produire une analyse critique de l'information » (article L321-15) afin de « ne pas se laisser duper par la manipulation de l'information » (article L712-2). Venant de ces gens-là, on y croit…

Rappelons que madame Avia, la député macronienne qui porte ce projet, n'est guère connue pour autre chose que pour avoir mordu un chauffeur de taxi – sans haine, bien sûr, et probablement avec amour.

Vendredi 22 mai

La science des ânes

Le fameux Conseil scientifique, qui semble être le Politburo où Emmanuel Macron vient quémander ses éléments de langage jour après jour pendant l'épidémie de covid, a eu, pour une fois, une idée ! Il propose un mémorial pour les victimes du virus.

J'aimerais qu'on transforme la place de la Concorde en champ mémoriel sur lequel il y aurait aussi un monument pour les victimes du cancer, du sida, des accidents de la route, des suicides, des accidents vasculaires cérébraux, des infarctus, du tétanos, sans oublier celles de la grippe saisonnière ou bien, moins politiquement correct, celles des victimes du terrorisme islamiste.

Un autre monument, beaucoup plus imposant celui-là, un genre de tour Eiffel multipliée par deux, pourrait aussi être consacré aux crétins ayant ce genre d'idée.

Dimanche 24 mai

Le racisme antiraciste

Des décolonialistes – qui font des Blancs, avec une majuscule, des coupables parce que Freud explique que les traumatismes se transmettent de génération en génération, via les inconscients, et qui pensent qu'un Noir est toujours racisé alors qu'un Blanc est toujours raciste, quoi que l'un et l'autre fassent du simple fait qu'ils hériteraient pour l'un de la « férocité blanche » et pour l'autre de la souffrance noire – ont détruit en Martinique une statue de Victor Schœlcher, à qui on doit l'abolition de l'esclavage.

Nous voilà donc dans la situation où les descendants de Noirs libérés de l'esclavage s'attaquent aux monuments des hommes qui les ont libérés !

En même temps, comme dirait l'autre, ces militants décolonialistes interdisent que le nom de Napoléon soit mentionné dans les manuels scolaires sous prétexte qu'il a restauré l'esclavage aboli par la Révolution française. Ce qui veut dire que ceux qui abolissent l'esclavage sont tout autant responsables et coupables que ceux qui le restaurent pour une simple et bonne raison : Napoléon et Schœlcher sont blancs…

Selon cette fausse logique, porteuse de vrais paralogismes, on pourrait dès lors imaginer qu'un Noir qui restaurerait l'esclavage serait célébré par les décolonialistes – parce qu'il est noir !

Dimanche 24 mai

Faire la loi hors la loi

Bande passante sur la chaîne de France Info à 13 h 46 : « Célébration de l'Aïd el-Fitr qui marque la fin du jeûne du ramadan : la prière dans les mosquées est déconseillée. »

Dans la seconde qui suit, sur la même bande, cette autre information : « Hauts-de-Seine. À Levallois-Perret, plus de deux mille fidèles participent à une prière de l'Aïd dans un stade en respectant les gestes barrières. »

Les rassemblements de plus de dix personnes sont donc interdits, sauf quand elles sont deux mille.

Lundi 25 mai

Va te faire foot

Pour contrevenir à la loi qui interdit les rassemblements de plus de dix personnes, on peut aussi s'agglutiner à quatre cents, pourvu que ce soit cette fois-ci pour un match de foot amateur dans le stade d'un quartier chaud de Strasbourg.

Les convocations se sont faites via les réseaux sociaux, mais personne aux services de renseignement ne semble abonné à cette source d'information majeure. Ce qui fut jadis les renseignements généraux a été remplacé par les renseignements généreux.

Les *Dernières Nouvelles d'Alsace* ont précisé que la police est venue, qu'elle a constaté, puis qu'elle est repartie…

On n'a pas entendu Castaner sur le sujet. Probablement trop occupé à jouer au poker ou à boire du champagne en boîte de nuit. Il préfère traquer les policiers attaqués par les délinquants.

Mercredi 27 mai

Bis repetita

Rebelote à Grigny où un match de foot a été organisé dans la zone industrielle des Radars. Trois cents spectateurs s'y sont retrouvés.

Un policier témoigne dans *Le Parisien* : « On n'a pas les moyens de faire face. On reste à côté, mais la consigne est de ne pas intervenir s'il n'y a pas de heurts. »

Finalement, de là où il se trouve, salle de poker ou boîte de nuit, Castaner donne tout de même des instructions.

Mercredi 27 mai

La pensée aphatique

Les journalistes qui vendent du temps de cerveau disponible à Coca-Cola se sont mis en tête de jouer au petit jeu des présidentiables issus de la société civile. Hanouna, Zemmour, Bigard, mais également le professeur Raoult – qui n'en a probablement rien à faire…

Sur l'un des plateaux de télévision où, du matin tôt jusqu'au soir tard, il enseigne le catéchisme maastrichien chaque jour que le dollar fait, Jean-Michel Aphatie commente la chose : « On redoute, dans tous les états-majors politiques, ce type de candidature qui pourrait déséquilibrer la campagne électorale. »

Ah ! le bel aveu qu'un candidat issu du peuple et non de la caste politicienne *déséquilibrerait* les élections ! Car l'équilibre, bien sûr, c'est au second tour de la présidentielle Marine Le Pen que ce genre de personnage a poussé là coûte que coûte, avant de dire qu'elle est nazie afin qu'il n'en reste plus qu'un, à savoir le candidat de Maastricht présenté comme un rempart au retour du fascisme !

Tout sauf le peuple…

Samedi 30 mai

Tournée générale

L'Unef exige que les professeurs de la Sorbonne donnent la moyenne à tout le monde eu égard aux conditions de travail lors du confinement : « Aucun.e étudiant.e ne doit être pénalisé.e par les mesures prises pour la santé de tou.t.es », est-il écrit dans un tract rédigé dans le sabir du politiquement correct. Cette règle va être appliquée à Aix et Avignon.

Pourquoi même noter ?

Soyons fous : le jour de l'inscription à l'université, le diplôme serait immédiatement délivré sans qu'aucun cours soit donné ; les professeurs toucheraient leur paie sans assurer leur enseignement ; les enseignants seraient élus par le personnel de service ; les bibliothèques partiraient dans les camionnettes des bouquinistes et les ordinateurs dans des universités subsahariennes ; le CAP de boucher vaudrait équivalence d'un diplôme de chirurgien.

L'Unef manque nombre d'occasions de se montrer véritablement progressiste, radicalement progressiste.

Samedi 30 mai

Placement de produit

Une youtubeuse américaine suivie par sept cent mille personnes s'est séparée de son enfant autiste chinois adopté trois ans plus tôt. L'enfant, Huxley, avait souffert d'une tumeur au cerveau et d'une attaque cérébrale in utero. La mère avait fait de cette adoption le fil conducteur de sa chaîne YouTube.

La youtubeuse va pouvoir changer de sujet. Les chiens ou les chats semblent en effet des sujets bien plus porteurs que les enfants handicapés.

Dimanche 31 mai

Violences policières et café au lait

Dans la série pas « plus de dix personnes en temps de confinement lors des rassemblements mais des tolérances peuvent être consenties s'il s'agit des acteurs du politiquement correct », cent quatre-vingt-quinze associations dites « antiracistes » ont appelé à défiler à Paris entre Opéra et République. Ils ont été *vingt mille* dans la rue.

Cette manifestation avait été interdite par le préfet de police de Paris. Manifestation interdite, sans-papiers dans l'illégalité, cortège en faveur de l'illégalité, contravention aux règles de confinement – impossibilité de respecter les gestes barrières et probabilité de créer des foyers infectieux pour autrui, donc mise en danger de la vie d'autrui –, peu importe.

Que s'est-il passé ?

En fin de journée, la préfecture de police a publié sur son site des conseils de déplacement en métro lors de la fin de la manifestation.

Une distribution de café et de croissants aurait tout de même pu être offerte par le ministère de l'Intérieur. Les violences policières sont décidément sans bornes…

JUIN

Lundi 1er juin

Le cerveau du futur

Une IRM qui mesure les effets des écrans sur le cerveau des enfants montre un amincissement prématuré du cortex. Cette zone cérébrale traite les informations que les cinq sens envoient à l'encéphale. Cet amoindrissement correspond anatomiquement à l'équivalent d'un vieillissement.

Quelle performance progressiste notable il y a à transformer les enfants en vieillards dès leurs plus jeunes années ! Quand, très vieux, ils retourneront en enfance, ils seront encore plus vieux. Ce sera beau à voir !

Mardi 2 juin

« Primate des Gaules »

Anne Soupa, une théologienne de soixante-treize ans, présente sa candidature à l'archevêché de Lyon, vacant depuis la démission du cardinal Barbarin qui avait consacré une pièce de son évêché à sa collection d'albums de *Tintin* et de figurines issues de cette bande dessinée, mais aussi de peluches…

L'un des quatre fils d'Anne Soupa, Henri, trente-neuf ans, trouve que c'est une bonne idée, il soutient sa mère et la voit bien, le jeu de mots est de lui, « primate des Gaules ». Une nouvelle Sainte Trinité : le Père, la Mère et le Fin d'esprit ?

Mardi 2 juin

Big Brother is here

Des cadres de Facebook reprochent à leur patron Mark Zuckerberg de ne pas censurer certains propos du chef de l'État américain, Donald Trump, des propos qu'ils jugent haineux !

Twitter, lui, n'a pas hésité à le faire, probablement au nom de la liberté d'expression, puisque c'est désormais en son nom qu'on l'abolit. Leçons d'Orwell.

Ce jugement venu des cadres, lui, ne procède sûrement pas de la haine mais, bien sûr, de l'amour et de la tolérance.

Mardi 2 juin

Justice pour la justice

Tweet du comité La Vérité pour Adama : « Le rassemblement de ce soir est maintenu, la préfecture de Paris et son préfet politique tentent d'intimider ceux qui réclament la JUSTICE ! C'est la preuve que nous sommes sur la bonne voie, la France est le seul pays du monde à interdire des rassemblements pour la JUSTICE ! » Peut-être après, au moins, disons : la Corée du Nord, un peu, non ?

La manifestation a, *bien sûr*, eu lieu. La loi interdit les rassemblements de plus de dix personnes ; il y en avait près de vingt mille selon la préfecture, mais celui-ci n'a pas été inquiété. Nul coup porté, nul usage de canon à eau, nul œil crevé, nulle main arrachée, nulle interpellation, nulle mobilisation de blindé, nul tir de flash-ball, nul flagrant délit, nulle mise en garde à vue, nul coup de matraque. Les Gilets jaunes tabassés, même quand leurs manifestations étaient autorisées, apprécieront…

Post-scriptum : puisque la famille Traoré réclame justice, rappelons un peu ce que sont leurs relations avec cette dernière. Adama avait dix-sept procédures à son actif pour vol, trafic de stupéfiants, viol sur un codétenu en prison ; son frère Yacouba avait écopé de trois années ferme pour incendie d'un bus et violences physiques et de dix-huit mois ferme pour tabassage d'un jeune homme qui avait porté plainte contre son frère Adama ; son autre frère Samba a été condamné à quatre ans ferme pour violence avec armes ; un autre, Serene, a lui été gratifié de quatre mois ferme pour outrage, intimidations, menaces sur une personne dépositaire de l'autorité publique ; un autre encore, Bagui, de trente mois ferme pour extorsion sur personne vulnérable, la victime était sous curatelle, mais aussi tentative d'assassinat sur personne dépositaire de l'autorité publique ; Youssouf, lui, a récolté six mois ferme pour trafic de drogue ; quant à sa sœur Assa, elle accumule quatre plaintes pour diffamation et pour appel à des manifestations interdites.

Quelques jours plus tard, sur un plateau de télévision, chez Yann Barthès, l'ancienne ministre de la Justice – oui, de la Justice –, Christiane Taubira, qui a confessé son émotion – c'était nécessaire en effet –, a dit à Assa Traoré : « Votre dignité naturelle nous en impose. Vous êtes notre chance, une chance pour la France, nous avons la chance de vous avoir. »

En effet, plus chanceux que ça, tu meurs…

Jeudi 4 juin

Retour à Sainte-Hélène

Des étudiants d'une école de commerce ont invité Thierry Lentz, directeur de la Fondation Napoléon, à donner une conférence sur l'empereur.

La direction de l'école a annulé sous prétexte de « ne pas valoriser l'héritage napoléonien en cette (*sic*) période ». « Cette période » ? Laquelle ? On aimerait avoir un peu plus de détails...

Dans quelle *période* cela redeviendra-t-il normal que des étudiants aient envie d'apprendre l'histoire de France sans que leur direction les en empêche ?

Il est vrai qu'enseigner l'histoire c'est empêcher qu'on nous raconte des histoires...

Samedi 6 juin

Le Congo chez Tintin

Lu sur une pancarte lors d'une manifestation décolonialiste : « Les étrangers, aimez-les ou quittez la France ! »

Pendant ce temps, Egountchi Behanzin, président de la Ligue de défense noire africaine, manifeste à grand bruit dans les rues de Paris avec ce slogan : « La France, l'État français est un État totalitaire, terroriste, esclavagiste, colonialiste. » Et la foule de scander : « Oui, oui, oui ! »

Un peu d'histoire ne faisant jamais de mal, précisons que ce M. Egountchi Behanzin a probablement pour ancêtre le dernier roi du Dahomey qui, sous une dynastie de douze rois, a fait fortune avec la traite négrière. Le couronnement de ce dernier monarque africain en 1890 a été fêté avec force sacrifices humains. Démis par la France en 1894, ce roi s'est exilé en Martinique, il est mort en Algérie en 1906. Il est un héros pour tous les Béninois.

Et pour son descendant ?

Mardi 9 juin

La France hors la loi fait la loi

La loi d'exception édictée par le gouvernement en raison de l'épidémie de covid-19 interdit les réunions de plus de dix personnes. Mais le pouvoir fait exception en cas de rupture du jeûne du ramadan (mais pas pour le jour des œufs de Pâques...), de matchs de foot dans les banlieues (mais pas en cas de balades sur les plages ou dans les sentiers de montagne...), de prières musulmanes dans un stade (mais pas de messes catholiques dans une église...) et de manifestations racialistes, indigénistes et décolonialistes (mais pas de rassemblements d'identitaires...).

Christophe Castaner, ministre de l'Intérieur, a donné les raisons de ces passe-droits : « L'émotion dépasse les règles juridiques. »

Si le ministre lui-même nous dit que la loi passe après l'émotion, il nous suffira désormais d'en appeler à celle-ci pour nous affranchir de toute loi : l'émotion (libidinale) à la vue d'une belle femme justifiera son viol, l'émotion (colérique) à l'endroit de quelqu'un qui nous aura mal regardé justifiera le passage à tabac, l'émotion (furieuse) envers un criminel qui aura tué son enfant justifiera de le lyncher, l'émotion (passionnelle) justifiera qu'on frappe sa femme ayant souri à un homme qui la dévisageait, etc.

À quoi Castaner a ajouté qu'il serait « parfaitement à l'aise » à l'idée de poser un genou à terre pour signifier sa solidarité avec ceux qui se désolidarisent de tous les policiers de la planète au nom de quelques-unes de leurs bavures, dans un métier qui n'a pas grand-chose à voir en sérénité avec celui de vendeur de jouets dans un supermarché.

Une question pratique pour finir : je me demande comment on peut mettre un genou à terre quand on est déjà à plat ventre !

Mardi 9 juin

Mal à la tête…

Dans la manifestation racialiste dite « antiraciste », donc raciste, ce slogan sur une pancarte : « Le racisme est une manière de déléguer à l'autre le dégoût qu'on a pour soi-même. »

Toute la soupe freudienne rallongée de sartrisme servie dans une assiette décolonialiste…

Mercredi 10 juin

Un film en noir et noir

Les plateformes de streaming ont retiré *Autant en emporte le vent* de leur catalogue. Le film est jugé « révisionniste » : on y montre en effet du personnel de maison noir qui n'a pas envie d'écorcher ses patrons blancs.

C'est une honte de montrer ces Noirs-là.

Mercredi 10 juin

Les nouveaux quartiers de noblesse

L'État a trouvé 80 millions d'euros pour emmener deux cent mille « enfants des quartiers » en « colonies apprenantes » cet été. Je suis heureux pour eux.

J'aurais été plus heureux encore si l'on avait pu se souvenir qu'en dehors des « quartiers », dans les villes et villages, puis dans les campagnes des provinces françaises, il existe également des millions d'enfants qui ne partiront pas en vacances et n'auront pas la chance de connaître les « colonies apprenantes » – trop vieille école, l'épithète « studieuses » n'était probablement pas politiquement correcte…

Jeudi 11 juin

Les nouveaux vandales

Jadis, dans un temps qu'on croyait révolu, les inquisiteurs déterraient les cadavres pour les juger. Faute de pouvoir faire de même, les racialistes s'attaquent aux statues : à Boston celle de Christophe Colomb a été décapitée, à Miami une autre a été vandalisée, et une troisième jetée dans un lac en Virginie ; en Belgique, près de Bruxelles, un buste du roi Léopold II a été recouvert de peinture rouge, une inscription, « Fils de pute », a été bombée ; à Bristol, une statue d'un marchand d'esclaves, Edward Colston, a été mise à bas, puis jetée dans un canal ; à Londres, c'est Churchill qui a été la cible des vandales ; à Paris, le général de Gaulle.

De la même manière que les talibans avaient détruit les statues bouddhistes de Bamiyan, ces nouveaux talibans croient qu'en cassant une idole, ils font disparaître une idée…

Jadis l'Occident avait réprouvé les talibans saoudiens venus vandaliser les œuvres d'art afghanes ; désormais il applaudit ceux qui se comportent comme eux.

Vendredi 12 juin

Contre les Maghrébins

Les M-UDC, autrement dit les Marrons unis dignes et courageux – c'est vraiment leur nom –, militent pour que les objets d'art africains soient restitués à leurs pays d'origine. Ils se sont rendus au musée du quai Branly pour s'emparer d'une pièce qui s'y trouvait (une magnifique œuvre funéraire bari du XIXe siècle au demeurant…), avant de la laisser sur place. On a les prises de la Bastille qu'on peut !

Parmi les autres faits d'armes de cette mouvance, une incursion dans l'ambassade du Maroc. Cette association panafricaine veut que toute l'Afrique soit noire ! Voici son projet : « Nous appelons à la destruction systématique du Maghreb en tant qu'entité physique, invisible, visible et morale. L'Afrique doit redevenir noire du nord au sud, de l'est à l'ouest. »

Les M-UDC appellent donc les Noirs africains à envahir le Maghreb pour y remplacer les Algériens, les Marocains, les Tunisiens, les Libyens, les Égyptiens par des peuples de leur couleur.

Pareil programme installe au-delà de l'outrenoir de Soulages.

Vendredi 12 juin

Humour noir

Aux États-Unis, des étudiants noirs ont fait pression sur un professeur qui avait refusé l'injonction d'un traitement de faveur pour les Noirs – il s'agissait pour eux, qui avaient été mobilisés par les manifestations en mémoire de George Floyd mort étouffé par un policier lors de son arrestation, de remettre leurs copies plus tard. L'enseignant a répondu avec humour que le problème se posait pour les « étudiants métis mi-noirs mi-asiatiques » en demandant s'il fallait une clémence totale ou partielle. Bien mal lui en a pris, son cours est suspendu, l'hypothèse de son éviction définitive va être examinée, sa maison est sous protection policière.

Le rire est désormais le malpropre de l'homme.

Vendredi 12 juin

Nom de Dieu !

L'Église de Suède déclare Greta Thunberg « successeur du Christ ».

Il est vrai que, selon sa mère qui nous en fait la confession dans un livre dont on attend la traduction française avec impatience, elle renouvelle un miracle à volonté : comme on vient de le voir, elle sent l'odeur du CO_2 dont la spécificité est d'être un gaz inodore…

Samedi 13 juin

Radio-Paris reprend du service

France Info, une radio du service public qui fonctionne avec l'argent du contribuable, a formulé des conseils pour enfreindre la loi sur l'interdiction de manifester en toute sécurité : « Vous souhaitez manifester malgré l'interdiction ? Voici quelques conseils pour le faire en toute sécurité. »

Les manifestations sont légalement interdites mais cette radio d'État explique comment on peut flouer l'État. Parmi les auteurs de cet article, Julien Nguyen Dang qui se présente comme un « chasseur de *fake news* ». Ben tiens…

Devant le tollé, le site a dépublié l'article. Personne n'a été inquiété. Gageons même que la personne qui se trouve à la direction de cette chaîne sera un jour prochain gratifiée d'une promotion en récompense de son zèle.

Dimanche 14 juin

Le droit d'être antisémite

Lors de la manifestation interdite par le gouvernement, donc autorisée pour les indigénistes du comité Traoré La Vérité pour Adama, des propos antisémites ont été proférés contre des militants de Génération identitaire qui, grimpés sur les toits de Paris pour déployer une banderole, dénonçaient le racisme anti-blanc. Ces propos ont été clairement entendus puisque enregistrés et diffusés en boucle sur le Net, par les chaînes d'information en continu et sur le site de *Valeurs actuelles.* On y entendait : « Sales juifs ! »

Jean-Luc Mélenchon a estimé que la préfecture de police qui rapportait ces *faits* a, en fait, propagé des « ragots ». Il en a profité pour saluer dans la foulée la « marche pacifique des antiracistes ».

Pour Éric Coquerel, député de la France insoumise, les insultes antisémites ont été « inventées ». S'il y avait eu des propos antisémites, bien sûr, nous dit-il, il les aurait condamnés. Mais comme il n'y en a pas eu, il n'y a aucune raison de les condamner. CQFD !

C'est ainsi qu'on travaille à l'instauration d'un droit à tenir des propos antisémites.

Dimanche 14 juin

La foule impose la loi

Débordé par la multiplication des transgressions de la loi qui interdit les rassemblements de plus de dix personnes – rupture du jeûne du ramadan, matchs de foot dans les banlieues, prières dans un stade, manifestations racialistes… –, le pouvoir, via le Conseil d'État, a levé l'interdiction des rassemblements de plus de dix personnes ! Quelques jours plus tôt, des milliers de manifestants avaient bravé cette loi pour lutter contre les violences – mais pas toutes, juste celles de policiers quand ils tentent d'interpeller de plus violents qu'eux.

La loi ne se fait donc plus à l'Assemblée nationale mais dans les manifestations indigénistes et racialistes.

Mardi 16 juin

Latrinité

La sculpture d'un Manneken-Pis féministe sera installée dans un espace public à Nantes. L'artiste Elsa Sahal en a donné le mode d'emploi à France Culture. Elle explique que « le pistil ou la vulve d'une femme (*sic*) est une manière de montrer une femme puissante qui a un caractère très viril de par ses organes de reproduction ». On comprend dès lors le pléonasme « vulve d'une femme », car une vulve masculine, voire une vulve virile sont également possibles, ce sont d'ailleurs les meilleures si l'on en croit l'artiste… féministe !

Elle dit également que cette fontaine, car c'en est une, est une « figure pissante », non pas puissante, mais « pissante » car, bien sûr, c'est un « pied de nez à l'urinoir de Marcel Duchamp ».

Enfin : « Dans le flux continu du jet d'urine, il y avait l'idée que les petites filles aussi peuvent pisser dru, loin et continûment. Et que cela, de façon ironique, peut se produire dans l'espace public, où seules les urines masculines sont admises ! »

On est heureux de l'apprendre...

Vendredi 19 juin

Les Traoré chez les Rothschild

Assa Traoré, porte-parole du comité La Vérité pour Adama, a milité un an alors qu'elle était en arrêt maladie. Elle a donc floué l'Œuvre de protection des enfants juifs-Baron-Edmond-de-Rothschild qui l'employait.

Elle dit avoir appris la mort de son frère alors qu'elle travaillait en Croatie. En effet, en tant qu'éducatrice spécialisée, elle s'occupait alors d'un groupe de sept adolescents prélevés dans les banlieues qui prenaient le soleil dans une station balnéaire – où l'on voit qu'en effet les jeunes des banlieues, au contraire de leurs semblables de Basse-Normandie, doivent faire face à la violence de la « férocité blanche » à l'endroit des « racisés » – concepts indigénistes d'Houria Bouteldja...

À la mort de son frère, Assa Traoré s'est mise en arrêt maladie. Pendant ces douze mois où elle était malade, elle a honoré quantité de rendez-vous dans la presse écrite, dans les radios et à la télévision. Portrait dans *Libération*, entretien dans *Jeune Afrique*, manifestations diverses, dont place de la République mégaphone à la main, happening lors d'un conseil municipal à Beaumont-sur-Oise, collaboration à *Mediapart* où elle présente ses vœux, émissions de télévision, entretien avec Angela Davis pour la revue *Ballast*, une des *Inrocks*, lancement d'une ligne de vêtements, publication d'un livre chez Stock avec Geoffroy de Lagasnerie, etc. Voilà une malade qui tient la forme !

Qu'en pensent tous les antisionistes qui sont nombreux à soutenir cette famille ? Voire Mélenchon, pour qui les propos antisémites proférés lors de la manifestation en soutien aux Traoré étaient des « ragots » ? Ou Coquerel qui les estimait « inventés » ? Qu'en dit aussi l'Œuvre de protection des enfants juifs-Baron-Edmond-de-Rothschild qui couvre cette escroquerie ? On aimerait bien savoir.

On ne saura pas...

Vendredi 19 juin

N'oubliez pas les enfants

Pendant trente années, les autorités berlinoises ont sciemment confié des enfants sans-abri de Berlin-Ouest à des pédophiles. Des universitaires et des hommes politiques sont impliqués dans ce réseau.

Dans les années 1970, ce projet s'est inspiré d'Helmut Kentler (1928-2008) honorant en cela l'idéologie soixante-huitarde qui, sous couvert d'extension du domaine des libertés, militait pour la légalisation de la pédophilie. L'hypothèse de ce professeur Kentler, qui occupait un poste important au Centre de recherche de pédagogique (!) de Berlin, était que ces parents d'un genre particulier prodigueraient une éducation ayant des « conséquences positives » sur les enfants ! Cet universitaire passait pour un expert et intervenait régulièrement pour des rapports au Sénat de Berlin. Certains parents bénéficiaient même d'une aide sociale pour abuser de ces enfants dont certains avaient six ans. Plus de mille enfants auraient été ainsi abusés pendant des années.

Il est vrai que ces familles d'accueil d'un genre bien particulier faisaient partie des dominants : des responsables de l'Institut Max-Planck, des enseignants à l'université libre de Berlin, des professeurs de la célèbre école Odenwald en Hesse, des anciens sénateurs sociaux-démocrates du SPD…

Qu'en pense Daniel Cohn-Bendit qui, en 1975, publiait *Le Grand Bazar*, dans lequel lui aussi défendait la pédophilie ? Sinon quelques-uns de nos intellectuels septuagénaires français ayant légitimé cette infamie ?

Samedi 20 juin

Éloge du djihadisme maison

Le Conseil constitutionnel a supprimé le délit de « recel d'apologie du terrorisme » sous prétexte qu'il serait contraire à la Constitution. On peut donc se palucher chez soi devant des vidéos de décapitation mises en ligne par l'État islamique, la Constitution ne l'interdit pas, il n'est ici question que de « liberté d'expression et de communication » !

Certes, Marine Le Pen va au tribunal quand, pour se défendre de ceux qui affirment que l'État islamique, c'est le Rassemblement national, elle montre des images de décapitation pour inviter ses insulteurs à raison garder, mais quiconque dispose chez lui de la collection complète des égorgements des djihadistes a désormais la loi avec lui.

Lire ou relire *Soumission* de Houellebecq…

Dimanche 21 juin

Puer de la gueule

Le fabricant de dentifrice Colgate, qui a mis sur le marché asiatique un produit nommé Darlie, ce qui, semble-t-il, signifie « dentifrice pour personne noire » en chinois, va réexaminer ses produits vendus dans ce continent.

Un nouveau nom permettra aux Chinois qui auront mangé du chien, du pangolin ou de la chauve-souris de ne plus avoir mauvaise haleine.

Lundi 22 juin

Je vous ai compris

La loi interdit les rassemblements de plus de dix personnes pendant l'épidémie de covid-19. Nonobstant cette interdiction, le ministre de la Culture Franck Riester s'est rendu sur le parvis de l'Institut du monde arabe. C'est en effet le lieu que, parmi des centaines d'autres, voire des milliers si l'on parle de la France tout entière, il a voulu symboliquement honorer de sa présence.

Pendant ce temps, hors présence ministérielle, des jeunes se sont fait disperser *manu militari* près du canal Saint-Martin.

Lundi 22 juin

Bientôt une statue d'Hitler ?

À Gelsenkirchen, un petit parti d'extrême gauche allemand a dévoilé une statue de Lénine dans une ville de la Ruhr ! Huit cents personnes se sont réunies pour fêter l'un des dictateurs du XXe siècle auquel on doit, dès 1917, l'invention du camp de concentration bolchevique – le goulag.

Ces gauchistes ont ainsi parlé de Lénine : « Il était un penseur en avance sur son temps d'une importance historique mondiale, un combattant de la première heure pour la liberté et la démocratie. » La liberté et la démocratie ! Ah oui, vraiment ?

On ne sait si Mélenchon et sa garde rapprochée, dont Corbière et Coquerel, étaient du voyage.

On se console en se disant que l'icône était en métal, il est loin le temps du bronze qu'on réservait à ce genre de tyran.

Lundi 22 juin

Pierre d'achoppement

Sibeth Ndiaye, porte-parole du gouvernement, commente ainsi une manifestation au cours de laquelle les forces de l'ordre ont interpellé de façon musclée une infirmière qui leur lançait des pierres : «Je ne saurais pas expliquer à mes enfants s'il est normal ou pas de jeter des pierres sur les forces de l'ordre.» Gageons que si ces projectiles arrivaient sur elle, elle saurait quoi dire, comment le dire et quoi faire.

Elle qui ne savait déjà pas comment porter un masque pour se protéger du coronavirus et en protéger autrui, on se demande ce qu'elle sait faire à part, selon son propre aveu, mentir pour protéger le chef de l'État.

Lundi 22 juin

La misogynie déconstructionniste

Dans l'est de la France, le lycée Colbert–Sophie-Germain de Thionville va changer de nom. La raison ? Colbert est l'auteur du *Code noir* – même si ce code fut promulgué deux ans après sa mort par son fils Seignelay qui lui succéda au ministère de la Marine…

Sophie Germain, une mathématicienne et philosophe dont la pensée se développe à cheval sur le XVIIIe et le XIXe siècle et qui s'avère en même temps une femme libre, fait injustement les frais de cette furie déboulonnante.

Cela montre que le racialisme occupe la première place sur le podium déconstructionniste néo-américain qui triomphe en France et que le féminisme arrive après – car le nouveau nom de ce lycée sera Rosa Parks, une autre féministe, mais nullement française celle-là car elle est noire et américaine.

Car, pour rebaptiser ce lycée, le nom de Colbert aurait pu disparaître et celui de Sophie Germain rester. Pas question : en tant que blanche et française, elle doit elle aussi disparaître de l'histoire.

Jeudi 25 juin

L'hystérique contre l'historique

Le roman du Français Timothée de Fombelle, un auteur jeunesse dont le travail est internationalement reconnu, se propose, après un ample travail de documentation, de raconter le destin d'une jeune Africaine noire au temps de l'esclavage dans une trilogie de plus de mille pages ayant pour titre *Alma*.

L'Angleterre et les États-Unis censurent ce travail littéraire au nom de l'« appropriation culturelle » qui interdit à un Blanc de *traiter historiquement* un sujet qui relève du monde noir.

L'éditeur Walker Brooks a alerté l'auteur : « Sujet passionnant, mais trop délicat : quand on est blanc, donc (*sic*) du côté de ceux qui ont exploité les Noirs, on ne peut pas décemment (*sic*) s'approprier (*sic*) l'histoire de l'esclavage. »

Par conséquent, seuls les nazis pourront désormais publier sur le IIIe Reich, les staliniens sur l'URSS, les maoïstes sur la Chine, les chrétiens sur Jésus, les musulmans sur l'islam…

Dimanche 28 juin

Les affaires sont les affaires

La célèbre marque de produits de beauté L'Oréal a décidé de supprimer les mots « blanc », « blanchissant », « clair » de la description cosmétique de ses emballages sous prétexte qu'il faut célébrer tous les tons de peau et pas seulement la blanche, coupable de tous les maux.

Tout le business planétaire, inquiet de voir son chiffre d'affaires tomber, fait acte de soumission à la nouvelle idéologie racialiste : Apple, Pepsi-Cola, Mars qui sacrifie son Uncle Ben's…

Il est loin le temps où L'Oréal avait à sa tête André Bettencourt, grand ami de François Mitterrand, fasciste dans les années 1930, pétainiste, maréchaliste dans les années 1940, écrivant contre les juifs dans la presse collaborationniste sous l'Occupation !

De l'art d'être toujours du bon côté…

Dimanche 28 juin

L'arroseur arrosé

Main dans la main avec les patrons milliardaires des réseaux sociaux, le rappeur Booba et la Gilet jaune Priscillia Ludosky, probablement gens de la gauche comme il faut, morale et bien-pensante, proclament qu'ils aiment la tolérance, mais juste envers ceux qui *pensent comme eux.*

Voilà pourquoi ils relaient un appel à chasser Éric Zemmour des médias, envoyé au Conseil supérieur de l'audiovisuel et au ministère de la Culture ! Le tweet de Booba : « Incitation à la haine. Éric Zemmour doit être banni des médias. » Puis ceci, plus drôle : « Liberté d'expression pervertie ».

Booba est connu pour bien plus que ses chansons – insultes, coups et blessures, crachats sur son public sur lequel il envoie aussi une bouteille de whisky, bagarres diverses dont une rixe célèbre à Orly ayant généré 50 000 euros de casse. Booba, donc, soutient ceux qui « ne sont pas *Charlie* », il poste sur des réseaux sociaux un dessin montrant un homme qui en contraint un autre à une fellation en réponse à une caricature de Luz, le patron de *Charlie Hebdo*, il invite à « punir » la journaliste Zineb El Rhazoui, il organise des expéditions punitives dans lesquelles des coups de feu sont échangés, etc.

Pour l'heure, c'est son compte Instagram qui a été fermé pour non-respect du code du réseau en question. Notamment pour un *revenge porn* posté contre un autre rappeur.

On comprend qu'avec un pareil tableau de chasse, l'homme soit crédible dans le rôle du défenseur acharné d'une liberté d'expression non pervertie.

JUILLET

Mercredi 1er juillet

Une néojustice

Lors d'affrontements entre deux tribus qui se disputaient le vol d'un scooter, un mineur des Yvelines, déjà bien connu des services de police, a coupé la main d'un rival âgé de dix-huit ans avec un tranchoir de boucher. Confondu par son ADN, le jeune garçon a reconnu avoir eu la feuille de boucher en main mais ne s'en être pas servi ! Une probable variation sur le thème de l'insu de son plein gré.

Couper la main du voleur, la charia le dit, est le châtiment réservé au voleur. Fort de cet enseignement, on peut imaginer que le coupé a tort et le coupeur raison. Il est temps de changer de paradigmes dans la justice.

Samedi 4 juillet

Paille racialiste et poutre insoumise

Un remaniement d'après son échec aux municipales permet à Emmanuel Macron de se débarrasser de son meilleur atout, Édouard Philippe, qui lui faisait de l'ombre avec sa popularité insolente, au profit d'un inconnu répondant au nom de Jean Castex.

Danièle Obono, députée de la France insoumise, ne retient de tout cela qu'une seule chose : il s'agit d'un « homme blanc de droite bien techno et gros cumulard ».

Il est bien connu que Jean-Luc Mélenchon, qui, en dehors de la politique, n'a jamais travaillé de sa vie, est une femme noire et qu'il est un jeune arrivant sur le marché de la politique – où il sévit depuis 1989, c'est-à-dire depuis trente et un ans…

Dimanche 5 juillet

Saints, mais pas tout le temps

À l'occasion du Grand Prix de Formule 1 en Autriche, quatorze pilotes, sur les vingt engagés dans la course, ont posé un genou à terre contre le racisme. Six autres sont restés debout mais portaient tout de même un tee-shirt noir par solidarité. Les Mercedes de la course avaient été repeintes en noir. Le bitume aussi, un texte peint sur celui-ci disait : « Mettre fin au racisme. » Puis ils ont rejoint leurs bolides afin d'ardemment percer la couche d'ozone pendant plus d'une heure…

Gageons qu'ailleurs, d'autres auraient pu eux aussi mettre un genou à terre contre ces offenses faites au climat. Hélas, on ne peut embrasser toutes les belles et bonnes causes !

Dimanche 5 juillet

Ventre à terre

Un policier du Massachusetts ne s'est pas contenté de mettre un genou à terre pour afficher sa solidarité avec le mouvement Les Vies noires comptent, il s'est franchement allongé sur le sol, à plat ventre. Il est resté ainsi plusieurs minutes devant une pancarte qui disait : « Je ne peux plus respirer. » La foule l'a acclamé.

Il n'est pas allé jusqu'à démissionner pour ne plus faire ce « métier de fasciste », ce qui aurait eu beaucoup plus d'allure. Mais avoir de l'allure n'était peut-être pas son premier objectif.

Mercredi 8 juillet

Pauvre petite fille riche

De Léa Salamé, grande prêtresse du politiquement correct sur les chaînes radio ou de télé du service public, notamment chez Ruquier à « On n'est pas couché » : « Quand tu vois l'invité qui se décompose devant toi, qui a travaillé sur son livre ou son film pendant deux ans, et que tu arrives et tu dis : “C’est de la merde”, moi ça me rendait malade. »

Comme c’est drôle ! Car, pendant les deux années où elle a crié *à la merde* dans cette émission (on reconnaît ici en effet la nature et la qualité de son genre de critique...), on n’a jamais vu combien ça la rendait malade ! On avait au contraire l’impression qu’elle y trouvait plutôt un plaisir malsain et franchement vulgaire.

Mercredi 8 juillet

Le retour des impérialistes

Dans un entretien avec Zemmour donné au *Figaro*, BHL avoue enfin clairement qu’il faut travailler à un « pôle impérial » en Europe. L’impérialisme européen n’est pourtant pas une chose nouvelle depuis Maastricht.

Qui dira que « l’impérialisme, c’est la guerre » ?

Jeudi 9 juillet

Un crime verbal

Nelly Daynac, journaliste sur la chaîne CNews, parle d’« incivilités » pour caractériser le passage à tabac d’un chauffeur de bus de Bayonne, Philippe Monguillot – on oubliera bien vite son nom, hélas –, qui demandait à ses futurs tueurs de porter un masque et de s'acquitter du prix d'un billet. Il a été laissé pour mort par des gens « bien connus des services de police », comme on dit, dont cette journaliste et ses pairs nous cachent l'identité. Cet homme ne reviendra pas à la vie, soit il sera débranché et mourra, soit il sera toute sa vie un cadavre vivant.

Incivilité de journaliste ou crime de racialiste ? Crime de journaliste ou incivilité de racialiste ? Crime de journaliste et crime de racialiste ? Incivilité de journaliste et incivilité de racialiste ? Il faut désormais choisir…

Post-scriptum : Philippe Monguillot est mort le 10 juillet.

Jeudi 9 juillet

« Les grands principes »

Emmanuelle Béart, la grande conscience de la gauche caviar, voulait rendre hommage à son père Guy désormais moins connu que sa fille. Il fut l'auteur de nombre de succès que certains fredonnent encore – « À la claire fontaine », « Bal chez Temporel », « Il fait toujours beau quelque part », « Vive la rose et le lilas ».

Mais aussi « Qu'on est bien » (1958) qui raconte ceci : « Qu'on est bien dans les bras / D'une personne du sexe opposé / Qu'on est bien dans ces bras-là /

Qu'on est bien dans les bras / D'une personne du sexe qu'on n'a pas... / C'est la vraie prière / La prochaine aime le prochain / C'est la vraie grammaire / Le masculin s'accorde avec le féminin. »

Passés à la moulinette du sabir politiquement correct de l'Emmanuelle, voici ce que cela donne : « Qu'on est bien dans les bras / D'une personne du genre qui nous va / Qu'on est bien dans ces bras-là / C'est une prière / La prochaine aime le prochain / C'est une grammaire / Le masculin s'accorde avec le féminin. »

Et puis, plus loin : « Qu'on est bien dans les bras / D'une personne du sexe désiré. »

Gageons que tout cela fera vraiment avancer la cause LGBT et que, le monde s'en trouvant ainsi transformé, le paradis égalitariste de la gauche se réalisera beaucoup plus vite.

Post-scriptum : je ne sais comment elle aura réécrit « Viens poupoule » (1982) ! Ni ce qu'elle pense des « Grands Principes », une chanson qui lui va comme un gant.

Jeudi 9 juillet

Paradis artificiel

L'acteur Johnny Depp a eu une fille avec Vanessa Paradis. Il avoue l'avoir approvisionnée en marijuana quand elle avait treize ans. Mais c'était pour la bonne cause, pour son éducation, dit-il : il souhaitait en effet qu'elle fume des produits de qualité. Il estime avoir été un « parent responsable » – ce sont ses mots.

J'imagine bien ce que signifie pour lui être un parent irresponsable.

Vendredi 10 juillet

Jules et Juliette César

Sur le bandeau passant de l'émission de Pascal Praud diffusée sur CNews : « Les Césars adopte la parité intégrale (*sic*) » …

On est bien content.

Lundi 13 juillet

Encore, encore…

Le *New York Times*, arbitre des futures élégances françaises, annonce à ses lecteurs que, désormais, la rédaction écrira *Black* avec une majuscule et *white* avec une minuscule.

Magnifique cas de discrimination raciale désormais préconisé par la loi.

Lundi 13 juillet

RAS

Le rappeur Guy2Bezbar a stoppé les voitures qui circulaient sur le périphérique pour tourner son clip. Normal, qui plus est en période de confinement.

Par ailleurs, il a contribué un temps à la décarbonation du périphérique parisien.

C'est incontestablement un bon point.

Jeudi 16 juillet

Indignez-vous...

Un livret distribué à la presse annonce la rentrée littéraire dans laquelle figure le prochain livre de Salman Rushdie. Voici sa notice biographique : « Salman Rushdie acquiert une notoriété internationale avec *Les Enfants de minuit*, Booker Prize 1981, avant de connaître un tournant dans son œuvre comme dans sa vie personnelle avec la publication, en 1988, des *Versets sataniques*, à l'origine d'une vague d'indignation dans le monde musulman. Figure de la liberté d'expression, il a présidé le PEN American Center et a été anobli par la reine Élisabeth en 2007. »

Une « vague d'indignation » ? C'est l'autre nom que l'on donne désormais à une fatwa édictée par des islamistes qui ont condamné à mort un écrivain dont le seul crime consiste à avoir publié un roman, une fiction, une fable ? Un « tournant [...] dans sa vie personnelle » alors qu'elle est proprement gâchée, ravagée, détruite ?

L'auteur du livret a le sens de la litote – et du politiquement correct...

Jeudi 16 juillet

Déconner

À peine arrivé au pouvoir, le maire écologiste de Grenoble Éric Piolle pare au plus pressé, en prenant d'assaut les cours de récréation avec un programme de rééducation massif : « Débitumer (*sic*), dégenrer (*sic*), végétaliser et potagiser (*sic*). »

En quelques jours, sa géniale contribution aux néologismes du politiquement correct déborde déjà le panier.

Jeudi 16 juillet

Mouchard de poche

Laurent Joffrin à la scène, Laurent Mouchard dans le civil, quitte la direction du journal *Libération*. Ses confrères reprennent en chœur cet élément de langage : « pour se lancer en politique ».

Parce qu'avant il n'en faisait pas ?

Vendredi 17 juillet

Sucer un Esquimau

Un glacier danois a débaptisé sa glace nommée Eskimo pour la nommer O'Payo car Eskimo rappelle aux Inuits leur « passé d'humiliation et de traitements injustes ».

Il est donc devenu impossible de sucer un Eskimo. J'attends avec gourmandise la contre-proposition de qui estimera cette décision terriblement homophobe et effroyablement discriminatoire.

Vendredi 17 juillet

Jeu de société

L'association nord-américaine des joueurs de Scrabble se déchire sur les mots autorisés lors des compétitions officielles. Certains estiment qu'il faudrait bannir deux cent trente-huit mots « offensants pour les communautés minoritaires ». Le but de ce projet ? « Travailler à l'avènement de la justice dans notre monde. »

Excellente idée et terriblement efficace. Poutine, Erdogan et Bachar el-Assad tremblent…

Vendredi 17 juillet

Quand les coupables sont des victimes

Dupond-Moretti, qui ne voulait pour rien au monde être ministre mais l'est devenu à l'insu de son plein gré, a choisi pour sa première sortie de se rendre en prison pour signifier *urbi et orbi* qu'il avait le souci de la population carcérale plus que de ses victimes. Pour enfoncer le clou, il a joué au baby-foot dans un centre éducatif fermé à Épinay-sur-Seine. Messages bien compris.

Y a-t-il une colonie de vacances où se trouvent les enfants des policiers tués dans l'exercice de leurs fonctions où il pourrait *aussi*, à défaut de pouvoir *surtout*, se rendre ?

Lundi 20 juillet

Ce foutu peuple juif !

La journaliste Apolline de Malherbe a questionné ainsi Jean-Luc Mélenchon qui n'aime pas beaucoup la police : « Est-ce que vous croyez que les forces de l'ordre doivent faire comme Jésus sur la croix, qui ne réplique pas ? » Réponse du hâbleur : « Je ne sais pas si Jésus était sur la croix, je sais qui l'y a mis, ce sont ses compatriotes. »

Dégustée à l'aveugle, une pareille sentence sent bon son Rebatet ou son Brasillach. Bien sûr, il n'y a eu aucune campagne de presse contre ce dinosaure de la politique politicienne. Si l'on veut pouvoir être antisémite aujourd'hui, il faut d'abord donner des gages islamo-gauchistes.

Mardi 21 juillet

Tolérer son seul miroir

Dupond-Moretti joue son rôle d'idiot utile dans le gouvernement Castex : à Darmanin le porte-voix de la droite sécuritaire, à Dupond-Moretti celui de la gauche laxiste. Voilà qui permet d'incarner la fameuse théorie du « en même temps » ! Dans les faits, chacun a compris que c'est Darmanin qui mangera son chapeau.

Dupond-Moretti travaille à un projet d'encadrement des mineurs délinquants et dit : « Si la répression était la solution, il y a des siècles que nous le saurions. » Avant d'ajouter cette belle profession de foi tolérante comme on sait l'être à gauche : il veut bien « discuter avec tout le monde, mais pas avec les populistes. »

Chacun aura compris que maître Dupond-Moretti a choisi son camp : celui des populicides.

Mardi 21 juillet

Les trottinettes à gaz

Sous l'effet du protoxyde d'azote inhalé à partir des cartouches de gaz des siphons, des gamins effectuent des rodéos sur les Champs-Élysées. Abrutis par ce gaz toxique, ils circulent de nuit en bande sur des trottinettes en libre-service. Ils roulent sur les trottoirs comme des fous, ils ignorent le code de la route, empruntent les voies à contresens, ils frôlent des gens à dessein. Ils sèment la terreur.

Rien à signaler : ils roulent propre et écoresponsable.

Mardi 21 juillet

J'ai nommé Simplet

Des pompiers sont agressés, des policiers tabassés, des médecins interdits d'entrer dans des zones de certaines banlieues, une policière est traînée par la voiture d'un chauffard, une autre, Mélanie Lemée, meurt parce qu'un délinquant sans permis de conduire qui roulait à cent trente kilomètre-heure a refusé de s'arrêter et lui a foncé dessus. Un chauffeur de bus de Bayonne, Philippe Monguillot, qui a demandé à des gamins de porter le masque comme la loi les y oblige s'est fait tuer – tuer…

Le président de la République prend la parole au journal du soir sur TF1. Il fait des moulinets, brasse du vent, il promet la « tolérance zéro », il annonce une « réponse judiciaire rapide », il réclame un « changement d'esprit » ! Comme il est drôle dans le rôle de Guignol !

Et puis il dit : « Je n'accepterai pas dans notre pays que ces incivilités deviennent une habitude »...

Des « incivilités » ?

Mais pourquoi diable éviter les vrais mots pour dire la réalité : « crime », « meurtre », « assassinat », « homicide », sinon pour acheter la paix sociale tout en la payant du prix des prémices de la guerre civile ?

Mercredi 22 juillet

Blanc comme un Noir

Au cours d'une manifestation en soutien aux activistes de Black Lives Matter, un jeune militant intersectionnel londonien a déclaré que les militants de sa cause avaient un « ennemi commun : l'homme blanc ». De ce fait, il ajoutait : « Nous devons nous en débarrasser. »

On se demande comment ce jeune Anglais à la peau laiteuse et aux cheveux blonds presque blancs va s'y prendre. Un suicide peut-être ?

Mercredi 22 juillet

Le président est joueur

Emmanuel Macron, huitième président de la Ve République, rencontre à Chambord des jeunes issus de quartiers prioritaires qui ne peuvent partir en vacances et qui passent des vacances au château.

Le successeur du général de Gaulle dans la fonction a tombé la veste pour jouer au football avec quelques jeunes qui ne portaient pas de masque au contraire du jeune monarque. Le chef de l'État avait appelé à un « été apprenant ». Les jeunes apprenaient.

Quand il écrira l'équivalent des *Mémoires* du Général, une œuvre qu'il aime tant qu'elle figure sur sa photo officielle, il pourra rapporter ce fait d'armes notable.

Jeudi 23 juillet

Avion et réaction

La célèbre marque de jouets Lego a obéi à une ONG antimilitariste allemande, la Société allemande pour la paix, qui l'accusait de « trahir ses principes » en mettant sur le marché de quoi construire un Boeing militaire avec ses fameuses briquettes. « Bien que le jouet représente clairement une version de l'appareil qui serait dédiée au sauvetage, cet avion a un usage strictement militaire », a reconnu Lego en mettant un genou à terre.

Je propose qu'on remette le prix Nobel de la paix à cette ONG.

Dimanche 26 juillet

Soumission, piège à cons

De grands groupes industriels rejoignent les Gafa dans le militantisme indigéniste, racialiste, intersectionnel, etc. Normal : leur horizon étant celui du gouvernement planétaire, il leur faut travailler au projet orwellien d'un monde transformé en supermarché où tout va se vendre, se louer, s'échanger, se monnayer, y compris, et surtout, la vie.

Mercedes peint ses voitures en noir pour un Grand Prix, L'Oréal renonce à utiliser le mot « blanc » dans ses produits… blanchissants, le riz Uncle Ben's change de nom, le cinéma évince *Autant en emporte le vent*, la littérature fait de même avec les *Dix Petits Nègres* d'Agatha Christie devenu *Ils étaient dix…*, Amazon prend fait et cause pour Black Lives Matter, etc.

Sans en avoir l'air, sur le principe de la servitude volontaire, sous couvert de bonnes intentions, la plupart de ceux qui souscrivent à cette idéologie venue des États-Unis travaillent à la disparition de la démocratie. Ce sont les nouveaux idiots utiles…

Dimanche 26 juillet

Un parfum de Musk

Elon Musk est l'un des hommes de ce projet planétaire. Avec son argent personnel il peut aujourd'hui financer un projet qui permet d'envoyer une fusée dans l'espace (bonjour l'empreinte carbone pour celui qui prétend vouloir la réduire avec ses voitures électriques, les fameuses Tesla, qui marchent avec les centrales nucléaires, les éoliennes ne suffisant pas...) et la faire revenir après qu'elle aura effectué une opération au-dessus de la Terre.

Ce citoyen américain – qui est aussi titulaire d'un passeport sud-africain et canadien – vient de lever un peu le couvercle sur la marmite de ses méthodes. À un internaute qui lui reprochait : « Le gouvernement américain organise un coup d'État contre Evo Morales en Bolivie pour que vous puissiez y obtenir du lithium », il a cyniquement répondu : « Nous renverserons (les systèmes politiques) que nous souhaitons ! Faites avec. »

Voilà un homme qui dit tout haut ce que les adversaires du souverainisme pensent tout bas.

Lundi 27 juillet

Frasques vertes

Le nouveau maire vert de Colombes, Patrick Chaimovitch, a posté ce tweet qui commentait l'un de ses discours : « Un moment émouvant au cours duquel j'ai tenu à faire le lien entre la rafle du Vél'd'Hiv' et, d'une part, tous les génocides avant et après le nazisme, d'autre part, les migrants pourchassés partout en Europe parce qu'ils sont différents. »

Où sont les camps de la mort dans lesquels l'État français envoie les migrants périr dans des chambres à gaz avant de les réduire en cendres dans des fours crématoires ?

Le négationnisme et le révisionnisme existent aussi (et surtout ?) à « gauche ».

Lundi 27 juillet

Les lois de l'hospitalité

Emmanuel Abayisenga, un Rwandais de trente-neuf ans hébergé par l'évêché de Nantes, souhaitait acquérir le statut de réfugié en France. Débouté de sa demande, ayant épuisé tous les recours, y compris celui d'étranger malade qu'il avait tenté d'obtenir, il devait quitter le territoire depuis novembre 2019. Protégé par l'évêché, il a bénéficié d'une lettre en sa faveur envoyée à la préfecture pour appuyer son dossier.

Chargé de la sécurité de l'édifice, il a allumé trois foyers dans la cathédrale de Nantes, détruisant l'orgue et son buffet qui dataient du XVIIe siècle, des vitraux du XVe siècle, des stalles, une peinture d'Hippolyte Flandrin réalisée au XIXe siècle.

Cet incendie fut finalement une bonne idée : ce serviteur de la messe va pouvoir rester en France bien au chaud, nourri, logé, blanchi.

Mercredi 29 juillet

Avoir les boules

Un glacier de Saint-Raphaël vend ses rafraîchissements dans une boutique qui se nomme Le Poussin bleu. Des indigénistes appellent à boycotter ses produits au motif qu'il vend deux glaces ayant pour nom l'Africaine et le Chinois. Il s'agit assez probablement de deux chefs-d'œuvre d'art naïf : le premier est une glace au chocolat avec une grosse bouche en pâte d'amande et le second un sorbet au citron qui fronce les sourcils et donne l'impression d'être malade ! L'internaute épurateur a dénoncé Le Poussin bleu au député du MoDem… qui, bien sûr, s'est empressé de lui donner raison.

Qu'attendent donc les végans pour saccager cette boutique puisque son Poussin bleu est une humiliation sémantique, donc une privation de dignité, dès lors une souffrance infligée aux animaux ?

NUIT DU VENDREDI 31 JUILLET AU SAMEDI 1er AOÛT

Le retour du docteur Mengele

La France est en vacances en même temps que confinée dans l'Hexagone, soumise aux masques, aux gestes barrières et à toute la biopolitique du libéralisme maastrichien.

Entre le 31 juillet et le 1er août c'est, comme disent les journalistes à la télévision, le « grand chassé-croisé entre juillettistes et aoûtiens » : tout le monde est dans une voiture, une caravane, un camping-car, une gare, un train, un aéroport, un avion, sur une aire d'autoroute, à un péage, dans une station-service.

C'est le moment choisi par l'Assemblée nationale pour adopter en seconde lecture le projet de loi bioéthique qui légalise la procréation médicalement assistée (PMA) mais surtout l'IMG (interruption médicale de grossesse), *une loi digne du régime nazi* – et Dieu sait si je n'use ni n'abuse de ce genre de rapprochement… – qui autorise ce qui est encore nommé un « avortement », mais qui est en fait un « infanticide », sur un enfant jusqu'à l'heure de son terme ; ce qui veut dire concrètement qu'une mère (le mot convient-il encore ?) a le droit d'accoucher pendant que le médecin (le mot convient-il encore ?) injecte à l'enfant (le mot convient plus que jamais) une solution mortelle… Ce projet est porté par des gens qui se disent socialistes (le mot convient-il encore ?), mais qui excluent les plus faibles, les enfants, de leur prétendue compassion, de leur fausse fraternité.

Désormais, il suffira d'invoquer une « détresse psycho-sociale », autrement dit un caprice, le chômage, une déprime, un déménagement, un doute, une souffrance psychique, etc., pour justifier une IMG.

Dans notre société, il vaut mieux être un chat maltraité – c'est passible de prison – qu'un enfant à qui on va pouvoir, grâce à la « gauche », légalement infliger la peine de mort.

AOÛT

Samedi 1er août

Sémantique de baveux

Le ministre de la Justice Éric Dupond-Moretti confie qu'il n'est « pas à l'aise » avec l'emploi du terme « ensauvagement » utilisé ces temps-ci pour qualifier les flambées de violences.

On aimerait savoir en revanche ce qu'il pense non pas du mot mais de la chose.

Dimanche 2 août

Les affaires sont les affaires

Pour complaire aux Afro-Américains qui, depuis la mort de l'un des leurs qui se refusait à obéir à une interpellation et s'est trouvé soutenu par la planète entière, Google va créditer les magasins tenus par des Noirs d'un badge qui représente un cœur noir afin de favoriser les achats communautaristes.

Du bon usage de la discrimination raciale sous couvert d'antiracisme.

Dimanche 2 août

Éloge du talion

La nouvelle maire écologiste de Strasbourg, Jeanne Barseghian, poste un tweet pour honorer la mémoire de Jacqueline Sauvage, dont le titre de gloire consiste à avoir abattu son mari d'un coup de fusil dans le dos sous prétexte qu'elle subissait des mauvais traitements depuis des années. Un jury d'assises avec tribunal populaire l'a condamnée à deux reprises, une fois à dix ans pour meurtre sans préméditation, une deuxième fois avec confirmation en appel pour meurtre aggravé sur conjoint. Après une médiatisation activée par la gauche caviar, cette femme est devenue un symbole dit « féministe ». Précisons en passant que cette gauche caviar réhabilite le talion – ce qui s'avère une franche régression éthique et juridique… Aux ordres de son électorat, François Hollande l'a franchement graciée. Tant qu'à faire !

C'est donc à l'occasion de la mort de cette femme que madame Barseghian rédige ce tweet : « C'est avec chagrin que j'ai appris le décès de Jacqueline Sauvage. Je souhaite rendre femmage (*sic*) à cette femme marquée par une vie de violences et de souffrances familiales, qui aujourd'hui encore sont subies par de trop nombreuses femmes et d'enfants, et trop souvent passées sous silence dans notre société d'apparence égalitaire. »

Pas sûr qu'un homme ayant tué sa femme dans des circonstances qui auraient permis à deux jurys d'assises de conclure à sa culpabilité aurait bénéficié des mêmes largesses.

Madame le maire a raison : notre société est « d'apparence égalitaire », mais pas comme elle le croit...

Lundi 3 août

Les nouveaux barbares

Elon Musk, qui travaille à révolutionner l'humanité et vise à cet effet la réalisation du transhumanisme, affirme que les tombeaux égyptiens et les pyramides ne sont pas de facture humaine mais ont été conçus et réalisés par des extraterrestres. « Les aliens ont évidemment construit les pyramides », a affirmé ce nouveau barbare.

Il est probable que cet homme soit un jour considéré comme le Christophe Colomb de la civilisation planétaire d'après les civilisations. On ne risque pas de réécrire les manuels d'histoire car il n'y aura plus de manuels, plus d'histoire, plus personne capable de les écrire, de les lire ou de les enseigner, encore moins de les comprendre.

Mais on roulera en Tesla, une voiture écoresponsable. Ce sera le paradis auquel travaillent les

États-Unis, et la France y aspire à cette heure comme un bousier qui vaque à ses affaires.

Mercredi 12 août

Les mains sales

Sur Twitter, des soignants de couleur ont créé un compte nommé Globule noir. Ils ont publié une liste de gynécologues noirs officiant en Ile-de-France afin que les femmes de couleur n'aillent pas se faire salir par les mains blanches de soignants blancs.

À quand un compte intitulé Globule blanc qui listerait les soignants de couleur en invitant les Blancs à boycotter leurs cabinets ?

Samedi 15 août

Amour du prochain

En pleine période de précautions sanitaires, deux mille catholiques ont fait fi de la loi et se sont retrouvés en haut de la butte Montmartre. La manifestation avait été autorisée pour cinq cents, mais des chrétiens sont apparus de partout pour constituer ce foyer d'infection potentiel. « Dieu nous protège », ont dit quantité de pèlerins.

Et si l'on n'y croit pas, qui nous protègera si même les chrétiens nous exposent ? Ces bigots ont l'amour du prochain sélectif…

Vendredi 21 août

Une éducation sentimentale

Une musulmane de dix-sept ans, originaire de Bosnie-Herzégovine vivant dans le Doubs, a été tondue et frappée par ses parents, son oncle et sa tante qui lui reprochaient d'entretenir une liaison avec un jeune homme serbe dont le seul tort était d'être chrétien. La jeune fille souffre d'hématomes et d'une côte cassée.

On n'a pas beaucoup entendu les protestations des associations féministes ni même celles de la gauche autoproclamée : probablement pour ne pas faire le jeu de Marine Le Pen, alors que c'est ainsi qu'on lui ouvre un boulevard.

Lundi 24 août

En haine de la nation

La loi du 9 juillet, qui porte sur l'organisation de la sortie de l'état d'urgence sanitaire, interdit désormais l'usage du mot « national » dans le Code de la santé publique. Il faut désormais lui préférer celui, jacobin à souhait, d'« hexagonal »…

Que vont dire la Martinique, la Guadeloupe, la Réunion, la Guyane et autres départements d'outre-mer, mais aussi la Corse, qui estimeront à juste titre qu'ils n'ont pas une tête d'hexagone ?

Lundi 31 août

Allô maman bobo

La députée La France insoumise Danièle Obono, qui donne beaucoup de coups, ne voudrait pas en recevoir ! Elle veut bien cogner mais souhaiterait qu'on ne lui rende pas la pareille. Voilà des guerriers bien geignards !

Valeurs actuelles publie une série d'été sur le principe de la fiction. Je figure moi-même, m'a-t-on dit, dans l'une des livraisons. Le numéro incriminé par Danièle Obono la met en scène en esclave qui ne devrait son salut qu'à des prêtres – c'est de l'ironie voltairienne qu'on peut ne pas apprécier, mais le procédé est incontestablement ironique. Un dessin accompagne l'article où elle se trouve croquée, si je puis dire, avec un collier d'esclave au cou.

Est-ce la pire des offenses pour une femme dont l'idéologie indigéniste consiste à proclamer que six siècles plus tard, quoi qu'il se soit passé depuis, les Noirs souffrent encore dans leur chair et dans leur âme du traumatisme que fut la traite, alors que les Blancs portent eux aussi une malédiction, celle d'avoir été des colons ? De sorte que, quoi qu'il fasse, même un acte délictueux, le Noir est victime et, quoi que le Blanc fasse, même un acte de compagnonnage antiraciste, il est coupable. Pourquoi Danièle Obono s'offusque-t-elle d'être représentée comme ce qu'elle dit partout qu'elle est? Si l'on suit son *raisonnement* – appelons ça comme ça –, le pire eût été pour elle d'être caricaturée en Blanche!

Mais *Valeurs actuelles* n'est pas un journal de gauche, voilà pourquoi la gauche le dit d'extrême droite. Madame Obono étant de gauche, du camp du Bien donc, elle a eu droit à tous les soutiens possibles et imaginables, y compris celui du chef de l'État, du Premier ministre, d'autres membres du gouvernement ou de chefs de parti, Rassemblement national compris, de tous les journalistes, jusqu'au soutien le plus inattendu, celui de Geoffroy Lejeune, directeur de la rédaction de la revue, quasi soudainement converti aux arguments de ses adversaires de la veille.

Valeurs actuelles n'a pas le courage de ses audaces. Son reniement ne lui vaudra pas l'assentiment de ses ennemis, mais incontestablement la déception de ses amis.

SEPTEMBRE

Samedi 5 septembre

Une nègre blanche

Une enseignante d'histoire à l'université de Washington, Jessica Krug, a reconnu qu'elle mentait en disant qu'elle était une femme noire ! Elle a écrit : «J'ai occulté mon passé d'enfant juive blanche des banlieues résidentielles de Kansas City au profit de plusieurs identités noires dont je n'avais pas le droit de me revendiquer : d'abord Noire d'Afrique du Nord, puis Afro-Américaine, et enfin Noire du Bronx, d'origine caribéenne.»

Le plus étrange n'est pas la folie de cette femme qui est claire de peau, mais le fait qu'elle ait pu berner autant de monde pendant si longtemps !

J'avais pourtant cru comprendre que les indigénistes, les racialistes, les partisans de la théorie du genre expliquaient que les couleurs de peau n'existaient pas, les sexes non plus, ni même les races. Dès lors, en vertu de cette logique, une

Blanche peut bien se dire noire, et vice versa, un homme se prétendre femme, ou l'inverse, sans que cela pose problème.

Sauf peut-être à madame Krug, qui ne s'y retrouve plus ?

Lundi 7 septembre

L'inhumanité

Le journal communiste *L'Humanité* a publié un dessin de presse qui représente une journaliste sportive, ancienne cycliste, au lit avec un cycliste du Tour de France qui est, à la vie, son compagnon. Elle est représentée avec des bas, des jarretelles, tendant le micro au cycliste qui bave la langue pendante…

Plus insultant pour cette femme, plus misogyne, plus phallocrate, plus machiste que ce dessin, tu meurs ! Mais comme il s'agit d'un journal de gauche, les deux personnes incriminées n'ont pas reçu un appel téléphonique de Macron, Castex n'a pas tweeté, les journalistes n'ont pas fait grand bruit, ils ont mis la poussière sous le tapis.

N'est pas *Valeurs actuelles* qui veut, bien que *L'Humanité* lui aussi ait servilement opté pour la résipiscence…

Mardi 8 septembre

Viens chez moi, j'habite chez une copine

Un couple de septuagénaires a vendu son domicile principal pour s'installer dans sa maison au bord de la mer dans les Alpes-Maritimes. Une famille inconnue s'y était établie avec ses deux enfants en bas âge. La maison a été vidée non pas parce que les squatteurs ont vidé les lieux, mais parce que le père de famille battait sa femme et a été mis en garde à vue pour violences conjugales. Les voleurs du lieu ont la loi avec eux, d'autant plus que les propriétaires sont blancs, ce qui n'est pas le cas des habitants clandestins. Le salaud de riche a quarante-huit heures pour prouver que la maison est bien à lui. Au-delà, elle est au voleur qui fit savoir au couple spolié qu'il savait bien qu'il avait la loi pour lui. Les Blancs ont dormi dans leur voiture au pied de leur maison où ils sont vu les intrus manger les provisions de leur cave sur le balcon.

La loi qui les protège a été voulue par un certain Jacques Chirac qui ne savait que faire pour séduire la gauche afin de sculpter sa statue, pourtant en stuc le plus bas de gamme.

Il eut bien raison ; sa mort fut l'occasion de saluer un grand homme, a-t-on alors beaucoup dit.

Qui ira occuper illégalement son château de Bity, en Corrèze, acheté et restauré de façon semble-t-il obscure ? Ce serait justice…

Jeudi 10 septembre

Jésus est bien un pédé

Le CSA qui avait été saisi de plaintes après la chanson de Frédéric Fromet, un humoriste-France Inter, qui disait « Jésus est pédé » et qui filait la métaphore de cette élégante trouvaille, ne sanctionne pas France Inter.

Qui se fera vraiment « disruptif », comme on dit maintenant, en osant sur cette même chaîne jadis du service public un « Mahomet est pédé », juste pour voir si le CSA défend toujours autant la liberté d'expression ?

Jeudi 10 septembre

Candidat putatif

Le maire socialiste, tendance Fabius, de Rouen souhaite remplacer la statue de Napoléon qui se trouve sur la place de l'hôtel de ville. Il a songé par exemple à Gisèle Halimi. Une gentille femme contre un méchant homme.

On sent qu'aux prochaines régionales, le candidat socialiste putatif pourra compter sur de nouveaux amis écologistes : le vandalisme est une tradition que la gauche porte à son paroxysme pendant la Révolution française.

Jeudi 10 septembre

Le faux nez des spécistes

Alors que quantité de chevaux se trouvent mutilés par d'authentiques cinglés, on s'étonne de n'entendre aucune critique des végans, qui veulent débaptiser la rue aux Fromages à Caen, qui attaquent des boucheries et des charcuteries mais surtout des bouchers et des charcutiers, qui ravagent des laboratoires où des études pharmacologiques sont menées sur des rats, mais qui sont étrangement silencieux face à ce carnage d'animaux auxquels on coupe les oreilles, on arrache les yeux, on fend le ventre, on mutile la vulve, voire qu'on étrangle – le cas d'un poney, ce jour…

La raison en est bien simple : le véganisme, le végétarisme, la religion de la cause animale fonctionnent souvent en faux nez de la critique du capitalisme. Les élevages en batterie, les vaches en stabulation, les cochons dans des enclos métalliques, les poules dans des cages, voilà qui permet de combattre le capitalisme. Pas un cheval dans un herbage ou un poulain dans un pré.

Leur amour des animaux s'arrête dès que la critique du capitalisme n'est plus possible – ce qui est une autre façon de se montrer spéciste…

Jeudi 10 septembre

Catch en crèche

Deux jeunes employées d'une garderie dans le New Jersey (États-Unis) ont organisé des combats d'enfants qu'elles ont filmés et postés sur les réseaux sociaux ! Une douzaine d'enfants entre quatre et six ans se donnaient ainsi une peignée pendant une dizaine de secondes.

Autant leur apprendre la vie le plus tôt possible…

Vendredi 11 septembre

Ça sent le sapin

Le nouveau maire écologiste de Bordeaux a décidé que, sous sa férule, il n'y aurait plus de sapin de Noël : pas question d'exposer un arbre mort ! En revanche, il annonce dans la foulée qu'il va adopter la « charte des droits de l'arbre ». Il existe en effet une Déclaration des droits de l'arbre qui a été prononcée à l'Assemblée nationale le 5 avril 2019 – sous Macron.

À quand l'interdiction des légumes morts dans les cantines bordelaises ?

Lundi 14 septembre

Crêpe noir

Sur le bandeau défilant d'une chaîne d'information en continu : « Une institutrice comparaît aujourd'hui pour homicide involontaire après avoir donné à manger en 2018 des crêpes à un élève allergique au lactose. »

Qu'on la décapite !

Mercredi 16 septembre

Homme à femme

Un homme transgenre devenu femme demande à la Cour de cassation à être reconnu mère de sa fille biologique.

C'est Gide à l'envers : famille, je vous aime !

Jeudi 17 septembre

Les lois de l'inhospitalité

Les squatteurs de Théoule-sur-Mer (*cf. 8 septembre*) ont quitté les lieux qu'ils ont occupés une vingtaine de jours. Les propriétaires ont retrouvé leur maison saccagée : désordre partout, matelas, couvertures, draps et canapé souillés, la propriétaire avoue avoir vomi en ouvrant le lave-vaisselle et le four maculés, du linge sale a été entassé dans toutes les pièces, des merdes de chien en quantité jonchent la pièce dans laquelle l'animal a été enfermé, des chaises de jardin ont été cassées, du matériel volé, des meubles tagués, brûlés à la cigarette. Le squatteur, Abdellah Z., vingt-quatre ans, vit désormais seul, sa femme, qu'il tabassait, a été placée dans un foyer avec ses deux jeunes enfants, mais il a fait savoir qu'il entendait bien retourner dans cette maison…

Est-ce l'expérimentation locale d'une créolisation de la société – de la France même… – à laquelle Jean-Luc Mélenchon, donc la France insoumise, aspire ?

Vendredi 18 septembre

Créolisation musicale

Le groupe de rap Freeze Corleone sort un album intitulé *Menace fantôme* dans lequel se trouvent plusieurs fleurs bleues. Voici quelques extraits de ses beaux poèmes : « Tout pour mes enfants pour que la famille vive comme des rentiers juifs », « J'arrive déterminé comme Adolf Hitler », « Sur la route du papier monte un empire comme le jeune Adolf Hitler, déterminé avec des grandes ambitions comme le jeune Adolf », « J'ai les techniques de propagande de Goebbels », « On arrive dans des Allemandes comme des SS », « Tous les jours RAF (rien à foutre) de la Shoah ». On y trouve également un éloge du mollah Omar présenté comme un « seigneur de guerre ».

Les médias de la fachosphère de gauche vont probablement bientôt commenter : « Qu'attend-on pour mettre Éric Zemmour en prison ? »

Vendredi 18 septembre

Un cercueil plein de vert

Une affiche placardée sur la vitrine d'un magasin de pompes funèbres, place de la République à Caen : « Pin, chêne : tous nos cercueils sont issus de forêts françaises et fabriqués en France », puis ceci : « garantie bien accompagné ».

Il n'empêche : ne pas naître reste la meilleure façon de réduire l'empreinte carbone.

Dimanche 20 septembre

Le grand bond en arrière

L'Unesco a demandé à l'artiste plasticien Stéphane Simon de mettre un string à deux de ses statues présentées aux Journées du patrimoine, matrimoine disent certaines, à Paris, dans le 7e arrondissement. Il s'agissait de ne pas froisser certaines sensibilités. On n'a pas dit lesquelles.

Au XVIe siècle, on appelait Braghettone, *braguetteur*, le peintre qui, au nom de la morale chrétienne, couvrait d'un vêtement de peinture le sexe des personnages.

Rappelons qu'Unesco est l'acronyme de l'anglais qui traduit Organisation des Nations-unies pour l'éducation (*sic*), la science (*sic*) et la culture (*sic*).

George Orwell, petit bras…

Mercredi 23 septembre

L'icône à poils

L'émoticone est un pas vers la disparition du mot. Il est moins un genre de ponctuation qu'une régression qui économise le signifiant en faveur d'une image simple du signifié et ramène à ce qui précède le mot : la chose. Nous venons du signe pariétal, nous y retournons. Mais non sans avoir ajouté à l'alphabet pariétal contemporain quelques nouveaux dessins, dont une femme à barbe et un barbu au genre neutre.

Depuis des millions d'années que la chose manquait, il y avait urgence, l'évolution pallie ce manque.

Jeudi 24 septembre

Propagandastaffel US

Aux États-Unis, l'académie des Oscars fait savoir que la qualité du film n'aura plus grand-chose à voir dans l'attribution du trophée pour le meilleur film car de nouveaux critères sont désormais retenus : le rôle principal ou le rôle secondaire devront provenir d'un groupe racial ou ethnique sous-représenté ; au moins 30 % des rôles secondaires devront provenir de deux groupes sous-représentés : « les Noirs, les Latinos, les femmes, les personnes s'identifiant comme LGBTQ+ ou les personnes handicapées » ; « l'intrigue principale, le thème ou le récit devront être axés sur un groupe sous-représenté ».

Gageons que la France importera bientôt ce produit frelaté pour en faire ses choux gras. On imagine le casse-tête pour qui voudra réaliser un *biopic* de Louis XIV.

Jeudi 24 septembre

Soumission, suite

L'agence France-Presse a refusé de signer une lettre de solidarité avec *Charlie Hebdo* qui publie de nouvelles caricatures de Mahomet et qui se trouve menacé de mort une fois encore, sous prétexte de « ne pas mettre ses équipes en danger dans des pays musulmans où ce droit est considéré comme une provocation ».

L'AFP a-t-elle également prévu de mettre à la porte ses journalistes femmes, juifs ou homosexuels, ou transgenres, athées, mécréants, agnostiques, au prétexte que, dans ces pays, être femme, juif, homosexuel ou transgenre, athée, mécréant, agnostique est *aussi* une provocation ? La même AFP a, bien sûr, tenu à préciser dans la foulée qu'elle « défend avec force (*sic*) la liberté d'expression ».

On se demande à quoi ressemblerait une défense *avec faiblesse* de la liberté d'expression !

Mardi 29 septembre

Aide sociale au terrorisme

Le jeune Pakistanais qui a agressé au hachoir deux personnes qui fumaient une cigarette au pied de l'ex-immeuble de *Charlie Hebdo* en souhaitant lui aussi venger le Prophète, bien qu'il l'ait déjà été semble-t-il au même endroit, avait bénéficié de l'aide sociale à l'enfance dès son arrivée dans le pays en 2016. Il a aujourd'hui vingt-six ans.

C'était alors un enfant de vingt-deux ans.

Mercredi 30 septembre

Laissez passer les fraudeurs

La dette de la Sécurité sociale a été annoncée : 44,4 milliards d'euros. La fraude aux prestations sociales s'élève à 50 milliards d'euros. On aimerait savoir qui sont ces fraudeurs ! Rien ne sera fait contre eux, bien sûr.

Probablement parce que ça coûterait trop cher de récupérer cet argent pour ceux qui en auraient *vraiment* besoin... À moins que ce soit une autre raison.

Mercredi 30 septembre

Actualité de 1984

Le *Huffington Post*, un rouage médiatique de la fachosphère de gauche, estime que le Premier ministre Jean Castex use et abuse de l'expression « Dieu merci » et que ça n'est pas laïquement correct ! L'expression, affirme le journaliste, sans rire, est « en contradiction avec le principe de neutralité de l'État qui s'impose à tous ses représentants ».

À quand l'interdiction de Bon Dieu, bordel de Dieu, morbleu, ventrebleu, palsambleu, sacrebleu et tudieu qui sont autant d'usages du nom de Dieu contrevenant au principe de laïcité ?

Mercredi 30 septembre

Des nouvelles de Radio-Paris

À France Inter, autre rouage médiatique de la fachosphère de gauche, le sociologue Geoffroy de Lagasnerie, invité dans la matinale (où un certain nombre d'intellectuels sont interdits au nom de la liberté d'expression, dont moi...), a dit tout haut ce que les patrons de la station et les journalistes pensent tout bas : il faudrait n'inviter que les « opinions justes » à s'exprimer ! Que sont ces opinions justes ? Celles du Geoffroy, bien sûr ! Le jeune homme ajoute : « Je suis contre le paradigme du débat, de la discussion, et je l'assume. » Puis : « Je pense que nous perdons notre temps dans des chaînes d'info à débattre avec des gens inconvaincables (*sic*) et que nous ratifions la possibilité qu'ils fassent partie de l'espace du débat. » Enfin : « Il faut reproduire un certain nombre de censures dans l'espace public pour rétablir un espace où les oppositions justes prennent le pouvoir sur les opinions injustes. » Comment mieux définir des médias d'État ouvertement fascistes ? Personne n'a porté plainte, la direction générale, la direction de la chaîne ne s'est pas désolidarisée.

Il est vrai que cette clique est cohérente : elle ne saurait condamner ses principes quand ils sont professés par d'autres. À quand Geoffroy de Lagasnerie patron de Radio France ? Ça aurait au moins le mérite d'être clair !

OCTOBRE

Vendredi 2 octobre

La joie de détester

À la faveur d'un éloge du livre de Pauline Harmange, *Moi les hommes, je les déteste*, on peut lire ceci dans *Libération* : « Détester les hommes et tout ce qu'ils représentent est notre droit le plus strict. C'est aussi une fête. Qui aurait cru qu'il y aurait autant de joie dans la misandrie ? » Puis ceci : « Elle défend une détestation joyeuse des hommes qui conduit à une sororité émancipatrice. »

Ah, si la haine est émancipatrice, je n'ai rien dit, c'est pour la bonne cause…

Samedi 3 octobre

Vous avez dit génie ?

Dans un livre intitulé *Le Génie lesbien*, la militante féministe, élue écologiste à la mairie de Paris, Alice

Coffin affirme qu'elle ne lit plus les livres écrits par des hommes, qu'elle n'écoute plus de musiques composées par des hommes, qu'elle ne regarde plus de films tournés par des hommes – et dans les films tournés par des femmes, est-ce qu'elle tourne la tête quand un homme apparaît ? Elle estime que les hommes sont des « assaillants » (comme les terroristes ?) et invite les femmes à « éliminer » les hommes (au couteau ?). La même dame disait sur une chaîne de télévision russe en 2018 : « Ne pas avoir un mari, ça m'expose plutôt à ne pas être violée, à ne pas être tuée, à ne pas être tabassée. Et cela évite que mes enfants le soient aussi. » Autrement dit un mari, parce que c'est un homme, est un violeur, un tueur, un tabasseur de femmes bien sûr, mais d'enfants aussi.

Ne fait-elle pas partie habituellement de ces militants qui, avec raison, vocifèrent contre l'essentialisation et contre l'amalgame quand il s'agit d'islam ?

Post-scriptum : la dame enseigne le journalisme à l'Institut catholique. Comme elle a beaucoup péché, il lui sera beaucoup pardonné.

Dimanche 4 octobre

Faire la fête à Beethoven

Nate Sloan, professeur en musicologie ayant fait ses études à Stanford, et Charlie Harding, journaliste, travaillent à l'orchestre philharmonique de New York.

À la faveur du 250e anniversaire de la naissance de Beethoven, ils se sont fendu de ce commentaire : « Les hommes blancs riches ont adopté Beethoven et ont fait de la *Cinquième Symphonie* un symbole de leur supériorité et de leur importance. Pour d'autres groupes – femmes, personnes LGBT+, personnes racisées –, la *Cinquième* est précisément (*sic*) un rappel de l'histoire de l'exclusion et de l'élitisme de la musique classique. »

Qu'apprend-on à Stanford, l'université prestigieuse où enseignaient Michel Serres et René Girard ? Car Beethoven était sourd, autrement dit, reformulé dans le sabir du jour, une personne en situation d'audition restreinte. En tant que telle, Beethoven devrait être le héros des sourds et des malentendants, donc un de leurs copains de lutte !

Dimanche 4 octobre

Des nouvelles de l'antéchrist

Le titre de la nouvelle encyclique, *Tous frères*, est jugé sexiste par certains… notamment aux

États-Unis ! Le pape François peut bien faire de cette citation de saint François d'Assise les premiers mots de son encyclique qui lui donnent son nom, comme c'est l'habitude avec ce genre de texte, il passe pour avoir choisi d'insulter les femmes qui ne veulent être les frères de personne !

Cette encyclique est pourtant, avec d'autres, un monument du politiquement correct, mais cela ne suffit pas… Le pape François lutte déjà contre le réchauffement de la planète, pour l'écologie antiproductiviste, pour la disparition des frontières, pour l'arrivée massive de tous les migrants en terre d'Europe, et depuis peu pour le mariage homosexuel, il a même eu beau affirmer que cette encyclique lui avait été inspirée par… le grand imam du Caire, Ahmed el-Tayeb qu'il cite cinq fois dans son texte, le voilà débordé du côté où il penche !

À quand les frontières du Vatican ouvertes pour joindre le geste à la parole et abolir enfin de manière christique toute la misère du monde ? Un lieu où les hommes seraient sœurs des hommes et les femmes frères des femmes ?

Ce serait ici le moment d'inclure l'icône de la femme à barbe (*cf. 23 septembre*) pour rire un peu, mais je ne l'ai pas encore téléchargée…

Mercredi 7 octobre

Le petit prince

Le prince Harry, ce pauvre petit garçon d'une famille très riche et très célèbre qui, pendant sa jeunesse, fut photographié dans une soirée avec un brassard nazi, a épousé une jeune Américaine métisse qui lui explique la vie en lui racontant qu'il faut choisir entre Marilyn Monroe et sa grand-mère, soit la reine *people*, soit la reine d'Angleterre. Il a choisi. Et, faut-il s'en étonner? Ça n'est pas sa grand-mère…

Voilà le jeune homme dénazifié : il proclame maintenant qu'il existe un « racisme structurel » en Grande-Bretagne, probablement la raison pour laquelle il a quitté son pays pour l'Amérique où ce genre de chose est inconnu. Il avoue que c'est sa femme qui, victime du racisme, ce dont témoigne sa biographie de star des séries américaines, de mannequin en vue, de femme de producteur, de compagne d'une célébrité de la cuisine, l'a converti à ce qu'il convient de nommer le politiquement correct.

Mercredi 7 octobre

Éloge du pâté de robot

Jamais en retard d'une sottise, pourvu qu'elle soit postmoderne et progressiste, quatre députés macroniens déposent un projet de loi pour remplacer le gibier de chasse à courre vivant bien chaud, gorgé de sang, par des « robots gibiers »...

Et pourquoi pas une meute de chiens robots et des cavaliers robots pour poursuivre la proie ?

Mercredi 7 octobre

Salauds de vieux !

Une adolescente de seize ans s'est retrouvée à la tête du gouvernement finlandais pendant une journée de promotion des droits des filles avant la journée internationale des filles sous l'égide de l'ONU, au cours de laquelle une semblable mascarade a eu lieu au Pérou, au Kenya, au Soudan, au Vietnam et... chez Microsoft !

La mineure s'est adressée à plusieurs députés et au ministre du Développement et du Commerce extérieur. Elle milite, et c'est fort étonnant, contre le réchauffement climatique. Puis elle a dit : « Je pense que les jeunes pourraient apprendre aux adultes à être plus innovants et à penser davantage à l'avenir. »

C'est vrai, quoi ! Le monde ira tout de même beaucoup mieux quand les élèves seront les professeurs de leurs enseignants !

Pourquoi ne pas lui avoir *vraiment* donné le pouvoir cette journée-là ? On aurait ainsi mesuré la sincérité du projet et les limites de l'exercice...

Jeudi 8 octobre

Pour un art français blanc

Macron souhaite restituer les œuvres d'art africaines qui se trouvent dans les musées français aux Africains. En toute cohérence, il faudrait fermer tout bonnement le musée du quai Branly dont les collections ont été pour la plupart constituées par des vols lors de l'époque coloniale. Il serait également souhaitable que toutes les œuvres rapportées de Grèce, de Rome, d'Égypte ou d'ailleurs lors de campagnes militaires soient pareillement rendues aux pays spoliés. Il ne resterait ainsi dans les musées français que des œuvres françaises ! Cocorico…

Jamais on n'aura poussé le patriotisme artistique aussi loin qu'avec cette épuration esthétique qui réalisera le suprémacisme blanc dans les musées.

Jeudi 8 octobre

Un arc-en-ciel en noir et blanc

Le footballeur Lilian Thuram publie un livre intitulé *La Pensée blanche* dans lequel il écrit : « Je souhaite que les Blancs comprennent que leur couleur de peau est une construction politique. J'insiste : personne ne naît blanc. » On peut y lire également cette confession appelant contrition : « En tant qu'homme, par exemple, j'ai des biais (*sic*) masculins, mais j'essaie de me soigner. »

Si personne ne naît blanc, personne ne naît donc noir non plus. On peut également, puisque le sportif cite Beauvoir, ajouter que personne ne naît femme. Dès lors, en vertu des analyses transcendantales du champion du monde de football, il n'est né ni homme ni noir, il n'a donc rien à craindre de ceux qui ne sont pas nés blancs non plus. Rien à craindre, donc rien à reprocher non plus.

Lundi 12 octobre

Soumission, encore

À Paris, ville de lumière comme on ne dit pas en province, a été inauguré un jardin Arnaud-Beltrame, du nom du gendarme qui a donné sa vie pour sauver celle d'un otage lors d'un attentat islamiste commis à Trèbes, dans l'Aude.

La plaque commémorative signale qu'il a été « victime de son héroïsme », autrement dit que, s'il n'avait pas fait le malin en protégeant les citoyens contre les islamistes alors qu'on ne lui avait rien demandé, il serait probablement toujours en vie… Anne Hidalgo a inauguré l'infamie sans trouver à y redire.

Rappelons qu'à Marseille, une place Arnaud-Beltrame a été refusée « pour ne pas provoquer ». Provoquer qui ? Des millions de Français ? C'est peu probable…

Alors qui ?

Lundi 12 octobre

Le cave du Vatican

Jean-Luc Mélenchon, grand franc-maçon devant Dieu auquel il ne croit pas, ne perd jamais une occasion de moquer la religion, pourvu qu'il ne s'agisse pas de l'islam pour lequel il a des pudeurs de gazelle. Il a ainsi moqué les Tibétains dont le pays est occupé par la Chine, parce qu'il aime tous les régimes dictatoriaux de la planète quand ils sont de gauche.

Le voilà qui dit du pape François, après avoir pris connaissance de la dernière encyclique : « Ses mots ressemblent assez aux miens » !

Si j'étais catholique, je verrais là une preuve définitive que ce pape travaille à déconstruire la religion qu'il est censé défendre ! Mais comme je ne suis pas catholique…

Mercredi 14 octobre

Masques à gaz

L'éducation nationale a fourni des masques toxiques aux enseignants lors de la rentrée scolaire. Ils ont en effet été traités à la zéolithe d'argent, un biocide toxique dangereux pour la santé et l'environnement. C'est avec ce genre de produits que Macron s'était étouffé devant des caméras qui ont enregistré la chose qui fut abondamment montrée puis commentée !

On ne nous dit pas si ces masques viennent aussi de Chine.

Mercredi 14 octobre

Ça ose tout…

Une mère demande à l'État français une aide financière pour sa fille partie faire le djihad en Syrie où elle se trouve retenue dans un camp avec ses trois enfants. Le tribunal administratif de Paris a été saisi par les (*sic*) avocats de cette grand-mère aimante afin qu'il « contraigne l'État à aider financièrement cette dernière ».

Peut-être l'État français pourrait-il aussi présenter ses excuses à cette pauvre famille de djihadistes ? Nul doute que chez Mélenchon on sera d'accord…

Jeudi 15 octobre

Miscellanées

Quelques notes prises çà et là sur un papier traînant dans le fouillis de mon bureau.

De Houria Bouteldja, qui travaille à l'Institut du monde arabe : « Si une femme noire est violée par un Noir, c'est compréhensible qu'elle ne porte pas plainte pour protéger la communauté noire. »

De Ashleigh Shackelford, « formatrice » des Black Lives Matter aux États-Unis : « Vous, les Blancs, êtes tous racistes, vous n'êtes pas des humains. »

De Hafsa Askar, vice-présidente de l'Unef à Lille : « On devrait gazer tous les blancs, cette sous-race. »

De Lilian Thuram, footballeur et philosophe : « On ne naît pas blanc, on le devient. »

D'Alice Coffin, élue écologiste sur la liste d'Anne Hidalgo, militante LGBT : « Il faut éliminer les hommes de nos esprits, ne plus lire leurs livres, ne plus regarder leurs films, ne plus écouter leurs musiques. »

De Pauline Harmange auteur d'un livre intitulé *Moi les hommes, je les déteste*, dans *Libération* : « Détester les hommes et tout ce qu'ils représentent est notre droit le plus strict. C'est aussi une fête. Qui aurait cru qu'il y aurait autant de joie dans la misandrie ? »

Dénégation de l'humanité des Blancs, défense des violeurs noirs, négation de la blancheur des Blancs, invitation à « éliminer » les hommes et à les « détester » – l'intelligence et la tolérance se portent bien en France…

Vendredi 16 octobre

Nous sommes déjà morts

Le professeur Samuel Paty a été décapité par un jeune Tchétchène musulman qui voulait ainsi, encore un, venger le Prophète. Le professeur avait utilisé une caricature de *Charlie Hebdo* en cours pour examiner la question de la liberté d'expression. Voilà qui a mérité la peine de mort islamiste.

Je recopie intégralement ce tweet de Saliah Bensafi, une collègue d'histoire de ce professeur assassiné : « Notre collègue professeur avait signalé les menaces et sa peur à sa hiérarchie qui lui a demandé de ne pas faire de vagues (*sic*). Notre syndicat SNEF/FSU a été alerté comme l'Académie qui a laissé faire (*sic*). Plusieurs parents d'élèves ont réclamé ouvertement sa démission. Nous sommes tous des lâches, on a le sang de sa tête décapitée sur les mains. J'ai honte. Personne ne veut plus enseigner en banlieues. On y recrute à niveau bac (*sic*) et seuls les étudiants issus de l'immigration comme moi sont volontaires. Malheureusement mes collègues ont soutenu les parents d'élèves qui sont venus se plaindre. La colère a grandi. Ils ont renseigné les plus virulents sur sa vie privée, ont donné son adresse et ses heures de sortie. Ce soir je les ai vus se réjouir. »

Qu'a fait l'État? A-t-il engagé des poursuites contre les complices de cette décapitation ? Contre la hiérarchie de ces professeurs? Contre le syndicat de gauche SNEF? Contre l'inspection académique? Contre l'inspecteur d'académie? Contre le rectorat? Contre la rectrice de l'académie de Versailles qui avait convoqué Samuel Paty pour le sanctionner, madame Charline Avenel, qui aura probablement de la promotion? Contre les parents d'élèves qui attaquaient le professeur et ses collègues qui les ont soutenus ? Non, pas du tout. Ces gens qui ont du sang sur les mains peuvent continuer à vaquer à leurs petites affaires.

À l'évidence, la rectrice ne sera pas poursuivie : en 2018, Emmanuel Macron avait changé les règles de nomination des recteurs pour elle, parce qu'elle était une copine de l'ENA. Rectrice de la plus grosse académie de France, sans expérience, Charline Avenel s'apprêtait, dit-on, à punir Samuel Paty.

Macron a organisé une cérémonie à la Sorbonne avec un discours dont il a le secret, en se croyant encore sur les planches du théâtre de son collège avec ses pitoyables effets de voix gros comme le nez au milieu de la figure.

Y avait-il, dans cette assemblée de *people* politiques réunis dans la cour de la Sorbonne, de ces professeurs du secondaire qui n'ont que le bac, aux côtés, de leurs complices : ministres, recteurs, inspecteurs, syndicalistes qui, *tous*, mériteraient le tribunal ?

Oui, bien sûr…

Samedi 17 octobre

Du droit au coup de poing dans la gueule

Vu un portrait de Cabu à la télévision dans lequel il dit : « L'humour, c'est un coup de poing dans la gueule. »

Sans commentaire…

Dimanche 18 octobre

Psychopathologies

Un Groupe de soutien à l'Islam et aux musulmans, en fait un groupe terroriste affilié à Al-Qaïda, avait enlevé Sophie Pétronin, citoyenne franco-suisse qui donnait dans l'humanitaire. La France a payé, probablement en monnaie sonnante et trébuchante, mais également en libérant deux cents otages djihadistes.

On imagine mal que ces terroristes islamistes vont profiter de cette liberté recouvrée pour s'inscrire à des cours de déradicalisation avec séances de sophrologie, ateliers sérigraphie et activités plein air. Ces deux cents soldats du terrorisme islamiste vont probablement donner de leurs nouvelles aux Français qui les retenaient dans des cellules africaines. D'autant que les millions versés avec l'argent du contribuable français vont permettre de les armer.

Outre que madame Pétronin n'a pas remercié la France pour ce qu'elle avait fait pour la libérer, une broutille, on l'a entendue dire le plus grand bien de ses geôliers qui sont devenus ses compagnons spirituels, puisqu'elle a fait savoir à sa descente de l'avion que cette détention fut pour elle un genre de retraite spirituelle au cours de laquelle elle s'est convertie… à l'islam ! Elle a ajouté qu'elle avait bien l'intention de prendre l'avion pour retourner sur place. En présence du fils de cette Sophie, devenue Mariam, qui exultait et criait des « maman, maman » devant les caméras comme s'il avait cinq ans, le président Macron, sidéré, a choisi de se taire.

Or, se taire, pour Emmanuel Macron, c'est la plus grosse performance intellectuelle dont il soit capable.

Dimanche 18 octobre

Des rebelles dégonflés

À Bordeaux, ville désormais dirigée par un écologiste depuis que le TGV a mis les bobos de Paris à un jet de pierre de la capitale d'Aquitaine, le mouvement Extinction Rebellion est chez lui ! Voilà pourquoi il signe un papillon glissé sous les essuie-glaces d'une voiture avec les mots suivants : « Nous avons dégonflé un pneu de votre SUV. Ne le prenez pas pour vous (*sic*), c'est votre SUV qui est pollueur. » Plus de deux cent vingt véhicules ont ainsi été vandalisés – pour le bien de la planète, bien sûr. On a la Résistance qu'on peut…

Lundi 19 octobre

Trop drôle

Lors de la manifestation consécutive à l'égorgement du professeur d'histoire Samuel Paty, la sœur de Traoré, Assa, s'est fait photographier place de la République avec deux comparses, dont l'un tient une pancarte sur laquelle on peut lire : « RIP Samuel mort en saignant ! », avec des taches de sang simulées à l'encre rouge.

La justice ne poursuit pas, *bien sûr*…

Lundi 19 octobre

La Gestapo recrute

Dans le même genre, *Mediapart* publie en une de son site : « Exécution sommaire (*sic*) du suspect (*sic*) : nouvelle norme en matière de terrorisme ? » sous la signature d'un corbeau qui se nomme « Horslesmurs ». On peut y lire ceci : « L'exécution (*sic*) du jeune Tchétchène était facilement (*sic*) évitable. Malgré la dérive évidente (*sic*) que cette exécution sommaire (*sic*) symbolise, personne ou presque ne semble s'occuper du mode opératoire des forces de l'ordre. » Ceci aussi : « Dès qu'il s'agit de terrorisme, c'est-à-dire d'un crime commis par une personne musulmane (*sic*) envers une personne non musulmane (*sic*), la police semble avoir le droit, voire le devoir (*sic*), de tuer. » Enfin ceci : « On ne peut pas s'indigner de la barbarie terroriste et souscrire dans le même temps à la barbarie policière (*sic*) sans être en contradiction avec soi-même ou tourner le dos, sciemment, à la République française. »

La République a bon dos…

Mardi 20 octobre

Viva la muerte !

La Ligue des droits de l'homme – ou plutôt : la Ligue des droits de certains hommes… – a eu le projet de se mobiliser contre le projet de loi sur le séparatisme – le nom cache-sexe d'islamisme… Le président de ladite ligue, Malik Salemkour, a envoyé un email à un certain nombre de syndicalistes et de militants associatifs dans lequel il estime que les mesures de ce projet de loi « ouvrent la voie à la stigmatisation d'une partie de la population ». On est étonné de l'indigence verbale et rhétorique qui fait encore recourir aux mots *stigmatiser* et *stigmatisation* ! De même avec « les heures noires » et autres éléments de langage de la fachosphère de gauche.

Ce jour où les ligueurs crient à la « stigmatisation », un Tchétchène égorge le professeur Samuel Paty en criant « Allah Akbar ». Comme sur les chaînes d'information en continu, on invite à la prudence : pas d'amalgame, pas de stigmatisation, rien ne permet de penser à un acte terroriste, peut-être l'homme sort-il d'un hôpital psychiatrique, rien à voir avec l'islam.

Mais avec quoi, alors ?

Je suis étonné qu'à « gauche », on souscrive avec autant de constance au tropisme fasciste du « Viva la muerte » des franquistes.

Mardi 20 octobre

Désigner l'ennemi

Quand il a choisi de faire son cours sur la liberté d'expression en montrant à ses élèves des caricatures du Prophète publiées par *Charlie Hebdo*, Samuel Paty avait donné des gages aux islamistes potentiels présents dans sa classe. Il a en effet pris soin de ceci : « J'ai proposé à mes élèves de détourner le regard quelques secondes s'ils pensaient être choqués pour une raison ou pour une autre. »

Cette précaution que d'aucuns verraient comme une soumission n'était pas utile, car l'élève qui s'est plainte du cours… n'était pas présente à ce cours !

Ce qui donne raison aux thèses de Julien Freund : « C'est l'ennemi qui nous désigne ! Et s'il veut que vous soyez son ennemi, vous pouvez lui faire les plus belles prestations d'amitié. Du moment qu'il veut que vous soyez l'ennemi, vous l'êtes. »

Il est vrai que Julien Freund, otage pendant l'occupation, résistant, gaulliste, prisonnier, évadé, rejoignant les maquis FTP, est un penseur politique qui passe pour fascistoïde parce qu'il n'a jamais été stalinien.

Mercredi 21 octobre

Un ministre va-de-la-gueule

Darmanin, le ministre de l'Intérieur, qui, en disciple de Sarkozy, se montre fort en gueule mais faible en actes, dit : « Moi ça m'a toujours choqué de rentrer dans un hypermarché et de voir un rayon de telle cuisine communautaire. »

Le cassoulet toulousain, la potée auvergnate, l'escalope à la normande, la choucroute alsacienne, des cuisines communautaires, donc communautaristes ?

Rappelons que les bénéfices considérables tirés de la cuisine hallal, donc de l'abattage des animaux sans anesthésie, par égorgement, sont une source de revenus majeure de l'islam en France.

Pas sûr que les bénéfices des galettes bretonnes financent le désir de sécession de cette région !

Mercredi 21 octobre

La vie en rose

Le pape François défend désormais le droit à « une union civile » pour les homosexuels : autrement dit un mariage à la mairie.

Il va faire des heureux, pas seulement au Vatican.

Vendredi 23 octobre

Compresse et jambe de bois

Marlène Schiappa, secrétaire-d'État-chargée-de-l'Égalité-entre-les-femmes-et-les-hommes-et-de-la-Lutte-contre-les-discriminations, annonce la création « d'une unité de contre-discours républicain sur le réseaux sociaux ».

Les terroristes-et-leurs-amis sont terrorisés…

Jeudi 29 octobre

Jean-Foutre

Après l'attentat à la basilique Notre-Dame de Nice qui a fait trois morts, deux femmes et un homme, causés par un Tunisien venu pour tuer, Jean Castex, Premier ministre, porte le plan Vigipirate au niveau « urgence attentat » partout en France.

Après, bien sûr, c'est beaucoup mieux qu'avant…

Jeudi 29 octobre

Les amis des égorgeurs

Après la décapitation de Samuel Paty et la neutralisation de son égorgeur tchétchène, suite à de multiples sommations enregistrées et vues sur tous les écrans du monde, le *New York Times* écrit :

« La police française tire sur un homme et le tue après une attaque au couteau. »

Mediapart, pour sa part, publie le 30 octobre un article intitulé « Des attentats de “faible intensité” à très fortes répercussions ». Le même média a également publié ce post : « Une nouvelle vague de propos haineux dans l'audiovisuel a suivi l'attentat de Conflans, après une rentrée médiatique déjà largement dominée par la rhétorique de l'extrême droite, le CSA aurait-il renoncé à jouer son rôle de régulateur ? »

Des médias islamophobes, en France ? On rêve…

NOVEMBRE

Lundi 2 novembre

Censure au ministère

Un texte de Jean Jaurès a été lu dans la cour de la Sorbonne pour rendre hommage au professeur décapité par un islamiste, Samuel Paty. Le gouvernement a supprimé trois paragraphes sur neuf que comprenait le texte original ! Le ministère de l'Éducation nationale convient du forfait : il prétend avoir fourni une version « adaptée pour un public plus jeune » et une autre « pour les lycéens ».

L'expression « la fierté alliée à la tendresse » qui permet à Jaurès de parler de l'enseignant devient sous la plume du censeur « la fermeté (*sic*!) alliée à la tendresse ». On comprend que l'État maastrichien n'ait que faire de la fierté, une vertu fascistoïde, mais elle n'a pas plus de considération pour la fermeté qui s'avère le cadet de ses soucis.

On y fait sauter également les passages où Jaurès fait l'éloge de l'autonomie des enseignants et la critique de la religion des évaluations.

À ceux qui lui en ont fait la remarque, Jean-Michel Blanquer a invoqué le complotisme… Ben tiens !

Ce ministère de l'Éducation nationale et son ministre auraient considérablement plu à George Orwell…

Mardi 3 novembre

Viennoiseries

Comme au bon vieux temps des Sarrasins au pied des murailles de Vienne, l'islam s'est rappelé au bon souvenir des Autrichiens avec un attentat dans lequel quatre personnes ont trouvé la mort. Le terroriste s'est présenté comme « un combattant de l'État islamique dans la ville de Vienne ». Cet homme, né à Vienne, avait tenté de rejoindre la Syrie. Il avait été intercepté et condamné à vingt-deux mois de prison mais… libéré de façon anticipée. L'État autrichien, qui souhaitait le déchoir de sa nationalité autrichienne – il avait également celle de Macédoine du Nord –, n'a pas pu le faire faute de « preuves sur la nature de ses activités ».

Cerise sur le gâteau : cet Abu Dagnah Al-Albany suivait un programme de déradicalisation…

Lundi 9 novembre

Cinéma en noir et blanc

Le rôle du prochain James Bond sera tenu par une femme noire.

On ne sait si, dans le prochain *biopic* d'Angela Davis, l'acteur qui l'incarnera sera un homme blanc. Ce serait justice…

Lundi 9 novembre

Qui est l'odieux ?

Pour l'anniversaire de la mort du général de Gaulle, la Ligue de défense noire africaine se fend d'un tweet dans lequel elle parle du défunt comme d'un « criminel raciste et responsable de la mort de millions (*sic*) d'Africains ». À quoi la fameuse Ligue ajoute quelle « ira cracher sur sa tombe prochainement au nom des martyrs africains qui méritent qu'on cache cet odieux personnage génocidaire ! »

À ces ligueurs qui l'ignorent probablement, rappelons que cet odieux colonisateur raciste a décolonisé pas moins de quatorze pays d'Afrique noire pendant la seule année 1960…

Mercredi 11 novembre

Paroles corrompues

Sur LCI, un plateau réunit des intervenants qui commentent l'actualité, donnent leur avis sur tout, s'expriment, racontent, jugent et tranchent. Pourquoi pas, c'est le jeu.

Parmi eux, un certain Loïk Le Floch-Prigent. Le bandeau qui le présente nous dit qu'il est « industriel et écrivain (*sic*) ».

Or, cet homme a écopé de trente mois ferme à Fresnes avec 2 millions d'euros d'amende dans l'affaire Dumas/Joncourt ; il a été condamné trois fois pour abus de biens sociaux dans l'affaire Elf et a fait six mois de prison ; il a été condamné à cinq ans ferme et 375 000 euros d'amende puis libéré… pour raisons de santé ; il a été à nouveau condamné à quinze mois avec sursis dans une affaire d'emplois fictifs ; il est réincarcéré six mois pour avoir violé les conditions de sa libération préventive ; il a également fait de la prison au Togo.

Le Floch-Prigent n'est pas le seul condamné à faire le malin sur des plateaux de télévision en information continue. J'en connais deux ou trois qui disposent de leur rond de serviette comme éditorialistes…

On sait qu'après avoir effectué ses peines, un homme est en règle avec la loi.

Tout de même, faut-il solliciter les délinquants pour expliquer aux spectateurs ce qu'ils doivent penser ou faire ? Qu'au moins le bandeau qui le présente ajoute « repris de justice plusieurs fois emprisonné » à « industriel et écrivain » ! Pour une fois, l'information serait vraie.

Mardi 17 novembre

BB chien

Un chien, dit-on, dressé pour attaquer et mordre a probablement attaqué, mordu et tué la femme, enceinte, de son propriétaire – c'est du moins ce à quoi parvient une enquête ADN effectuée sur les plaies de la défunte.

Brigitte Bardot prend position contre l'euthanasie du chien nommé Curtis. Alors que le rapport accable le molosse, le veuf ne veut pas que ce soit à cause de l'animal qu'il a, semble-t-il, dressé pour faire ce qu'il a fait. BB écrit : « La peine de mort a été abolie en France, elle ne doit pas être prononcée à l'encontre de Curtis dont la culpabilité est loin d'être établie. »

Après Robert Badinter, Brigitte Bardot ?

Mercredi 18 novembre

Choisir son camp

Au nom du groupe écologiste du conseil municipal de la ville de Paris qu'elle préside, Fatoumata

Koné s'est opposée au vote du conseil qui avait prévu de donner le nom de Samuel Paty, le professeur décapité par un terroriste islamiste tchétchène, à un lieu dans Paris. Motif? Un règlement de 1938 l'interdit pour une personne morte depuis moins de cinq ans…

En Tchétchénie, l'égorgeur a été enterré en fanfare comme un héros et une plaque à son nom a été fixée dans une rue par ses admirateurs…

L'écologiste cumule plusieurs fonctions au conseil municipal, dont une en faveur… des droits de l'homme!

On est bien content de l'apprendre. Si tel n'avait pas été le cas, qu'aurait-on bien pu craindre en la matière?

Mercredi 18 novembre

Pauvre pomme

Un Chinois de vingt-cinq ans a vendu son rein droit 2800 euros pour acheter un iPhone 4 et un iPad 2. Son rein gauche s'étant infecté après l'intervention chirurgicale illégale, il est désormais condamné à vivre dialysé dans son lit jusqu'à la fin de ses jours.

Le téléphone et la tablette lui seront désormais bien utiles.

Dimanche 22 novembre

Areu, areu

Dans un tweet répondant à un père de famille qui avait interpellé le chef du gouvernement sur la réouverture des commerces avant Noël en publiant un dessin de son enfant au père Noël, le Premier ministre Jean Castex écrit : « Dites-lui que nous travaillons dur pour que le père Noël puisse faire ses courses en France en décembre : si, comme tous ses lutins, nous respectons les gestes barrières, nous y arriverons ! »

J'ai cherché dans les *Lettres, notes et carnets* du général de Gaulle, je n'ai rien trouvé d'approchant.

Lundi 23 novembre

Les salades vertes

Le confinement de la planète a mis les moteurs au repos pendant des semaines, il a en effet arrêté les trains et les avions, les usines et les activités consommatrices d'énergie. Ce qu'aucun écologiste n'aurait osé demander, le covid-19 l'a obtenu !

Nonobstant ce programme digne d'un régime de Khmers verts, le dioxyde de carbone, connu pour être le principal gaz à effet de serre, a augmenté en 2019 et la hausse s'est même poursuivie en 2020 !

Cette information provient du *Bulletin annuel de l'Organisation météorologique mondiale*, une agence de l'ONU.

Que croyez-vous que les écologistes feront de cette information ?

Rien, bien sûr…

Mardi 24 novembre

Führerprinzip

La presse française ne tarit pas d'éloges sur Biden et de haine sur Trump. Il est facile d'en comprendre les raisons quand on apprend que le même Joe Biden a dit, lors de la présentation de son équipe diplomatique et de sécurité nationale, que les États-Unis étaient « prêts à guider le monde ».

« Guide » en allemand se dit *führer*, *caudillo* en espagnol, *conducator* en roumain, *duce* en italien.

On ne pourra pas dire que les choses n'ont pas été dites !

Dimanche 29 novembre

Bon et mauvais racisme

Échange entre Manon Aubry, députée européenne de la France insoumise, et Florence Portelli, maire ex-LR de Taverny qui disait être victime de racisme anti-blanc. Le racisme, c'est seulement contre les gens qui habitent dans les banlieues où, scie musicale habituelle dans ce parti, le contrôle au faciès fait la loi, dit madame Aubry qui, par ailleurs, est diplômée de Science Po où elle enseigne. Madame Portelli rétorque : « Quand je me fais traiter de sale blanche, ce n'est pas raciste ? » Pas du tout, dit la jeune femme qui lui assène : « Vous n'avez aucune idée de ce que (*sic*) vous parlez, de ce que subissent ces gens-là. » Portelli avance ses racines italiennes et rappelle qu'elle se faisait traiter de « sale macaroni » quand elle est arrivée en France. Réponse de son interlocutrice insoumise : « Non, ça n'est pas du racisme. »

C'est quoi, alors ?

Dimanche 29 novembre

Faire la roue

Martine Aubry – aucun lien avec la précédente, même si elles procèdent du même moule idéologique – a souhaité apporter de la gaieté au centre-ville de Lille. Voilà pourquoi elle a donné l'autorisation au forain d'installer bénévolement sa grande roue qui sera interdite au public.

C'est tout le socialisme, ça : « regardez comme c'est beau, mais ne touchez pas, c'est pas pour vous... Vous pouvez toujours tirer la langue. »

DÉCEMBRE

Dimanche 6 décembre

Pompes funestes

Une paire de baskets Adidas & Meissen a été mise aux enchères un million de dollars à Sotheby's.

Une information à coincer dans la *Vie des douze Césars*, soit au chapitre consacré à Néron, soit à celui de Caligula.

Lundi 7 décembre

Des nouvelles de Radio-Paris

À France Inter, radio d'État idéologique, bien que prétendument de service public, on a refusé une publicité à l'Œuvre d'Orient parce qu'elle contient le mot « chrétien ». Un prétendu comique peut bien chanter dans la matinale que « Jésus est pédé », ça va; mais entendre le mot « chrétien » dans une publicité payante pour défendre ceux qui, en Orient, meurent pour leur foi sous les attaques islamistes, pas question.

Pour faire passer sa christianophobie, la radio du service public invoque la « neutralité » du service public.

J'en ris encore…

Mardi 8 décembre

La gauche guignol

Édouard Louis, alias Eddy Bellegueule, en tête des combats politiques et militants contre les violences policières, a porté plainte parce qu'on l'avait violé et volé chez lui. Il a raconté tout ça dans *Histoire de la violence.* Mais le tribunal correctionnel a relaxé le prévenu en raison de « l'inconstance des déclarations » d'Eddy et de son refus d'une confrontation avec son amant d'un soir qui a été condamné pour le vol. Le jeune foucaldien, qui n'aime pas la prison, les flics, les gendarmes, etc., n'avait pas aimé non plus qu'on le prive de son téléphone portable et de sa tablette. Faisant fi de toute son idéologie, il s'est rendu au commissariat pour porter plainte auprès de la police fasciste. Puis il a traîné le jeune d'origine maghrébine, sans-papier, Reda, au tribunal.

Édouard Louis, qui aurait pu en rester là, a fait appel de cette décision qui relaxe l'un de ceux qu'il prétend défendre en temps normal.

On se demande ce que Michel Foucault en aurait pensé !

Jeudi 10 décembre

Noël au balcon

Le généticien bavard Axel Kahn fêtera Noël en juin pour lutter contre le covid-19.

Et le 14 juillet à Noël 2021 ? et Noël 2021 ?

Jeudi 10 décembre

Zorrote

Une série télévisée remet Zorro en selle, il sera joué par une femme.

On ne sait si Bernardo, qui est muet, bénéficiera d'un traitement politiquement correct lui aussi. Si oui, on se demande lequel : un acteur qui parle ? Ce serait idéal pour lutter contre la *muetophobie*…

Dimanche 13 décembre

Macron nique la police

Sur un site de jeunes, *Brut*, pressé de souscrire par ses jeunes interlocuteurs à la vulgate gauchiste qui entretient ses lecteurs des violences policières, Emmanuel Macron, président de la République, chef des Armées, a répondu : «Je peux vous dire *il y a des violences policières* si ça vous fait plaisir que je le dise. » Comme ça faisait plaisir aux jeunes, il l'a dit.

Étonnement, ça n'a pas fait plaisir aux forces de l'ordre. « En même temps » n'est pas possible tout le temps...

Dimanche 13 décembre

Aux grands hommes, etc.

Time fait sa couverture avec Assa Traoré. Cette revue s'est jadis illustrée en réservant le même traitement à Hitler et Staline.

Rien à voir, bien sûr.

Mardi 15 Décembre

Philosophe à vendre

Dans *Courrier cadres,* André Comte-Sponville, l'auteur du *Petit traité des grandes vertus,* s'exprime sur ses motivations philosophiques dans un entretien intitulé « panser le management » – on a l'esprit *Libé* chez les cadres...

Voici l'une des questions : « Est-ce le moment idéal pour faire entrer la philosophie dans l'entreprise ? Par quel biais ? » Voilà la réponse qui vaut, disons, son pesant d'or : « Cela fait des années que j'y travaille, parce qu'on me l'a demandé. Ce n'était pas du tout un plan de carrière. Au départ, c'était une initiative de Jean-Louis Servan-Schreiber, quand il dirigeait *L'Expansion.* Il m'avait invité à un colloque en Autriche devant les patrons du CAC 40 et, dans un premier temps, j'avais refusé. Les patrons ne m'intéressaient pas ! Il se trouve que Servan-Schreiber a réagi en chef d'entreprise : il m'a fait une proposition financière que je n'étais pas en état de refuser (*sic*). J'ai donc (*sic*) accepté, et l'étonnant c'est que ce que je leur ai dit les a secoués. Ils ne s'attendaient pas à voir (*sic*) un philosophe, et à tout comprendre ! Cela les a passionnés. »

Modeste comme à son habitude, ACS sidère les patrons par le fait qu'ils l'ont *vu* et non pas parce qu'ils l'ont *entendu* ! Mais gageons que ce fut bien plutôt grâce à son verbe limpide qui se fait cher qu'il a séduit ces... panseurs. Puis il nous apprend que ce qui n'était pas d'abord un plan de carrière l'est devenu depuis des années juste parce qu'il a été acheté le bon prix.

Je ne sais quelle grande vertu il faut convoquer pour ces petits arrangements avec la morale. Mais je vois bien de quel vice il s'agit : la cupidité.

Mercredi 16 décembre

L'Algérie algérienne

« La femme qui ne sait pas préparer le couscous est une menace pour sa famille », écrit Malika Bendouda, la ministre de la Culture algérienne à la faveur du classement du couscous au patrimoine mondial de l'Unesco !

Encore un effet de l'occupation coloniale française...

Jeudi 17 décembre

Le rectorat aime les sycophantes

Dans le département de l'Indre, un enseignant de cours moyen a été anonymement accusé de faire du prosélytisme parce qu'il avait travaillé en classe des extraits de la Bible, en estimant – à juste titre – que ce texte était « l'un (*sic*) des piliers de notre civilisation ».

Le rectorat d'Orléans-Tours a donné raison au dénonciateur anonyme et muté l'enseignant. L'affaire ayant été portée devant le tribunal administratif de Limoges, l'instituteur a été blanchi. L'Éducation nationale, qui aurait pu se contenter de cette décision de justice, a déposé un recours. Quatre ans plus tard, la justice donne tort au ministre de Macron, donc raison à l'enseignant, en rendant caduque la décision disciplinaire de mutation.

Il m'est avis que si l'enseignant avait fait de même avec la Torah ou le Coran, il n'aurait pas eu tous ces ennuis.

Samedi 19 décembre

Soumission, suite

La mairie de Saint-Denis efface Noël des festivités pour ne pas heurter « les communautés non chrétiennes ». Pourquoi ne pas dire plutôt : « les musulmans » ? Car on ne sache pas que les bouddhistes ou les zoroastriens, les animistes et les polythéistes aient souhaité une pareille chose !

Pourquoi fêter Noël « heurterait » ? Et qui ?

À quand une grande cérémonie pour débaptiser Saint-Denis, un nom qui pourrait aussi heurter « les communautés non chrétiennes » ? On pourrait rebaptiser la ville : Saint-Déni.

Dimanche 20 décembre

Des immigrés en or

Un jet privé de la compagnie Tyrolean en provenance d'Istanbul s'est posé sur le tarmac d'Orly avec à son bord neuf passagers étrangers sans papiers qui souhaitaient s'installer en France. Les immigrés clandestins, qui ont payé au minimum 30 000 euros par personne pour effectuer ce voyage, ont demandé l'asile politique…

Ils fuyaient probablement les effets du réchauffement climatique.

Dimanche 20 décembre

La pensée noire

Lilian Thuram est un footballeur philosophe, tendance sophiste grec, auteur d'un ouvrage intitulé *La Pensée blanche.*

Son fils Marcus Thuram se montre le digne rejeton de son père. Il a craché au visage d'un adversaire au cours d'un match perdu par son équipe et dit : «J'ai fait quelque chose qui ne me ressemble pas et qui ne doit jamais arriver. J'ai réagi face à un adversaire d'une mauvaise manière et quelque chose s'est passé accidentellement, ce n'était pas intentionnel.» Il a ensuite présenté ses excuses.

Son père a volé au secours de son fils en argumentant de la manière suivante : « Sans faire exprès (*sic*) effectivement (*sic*) il y a eu de la salive qui est partie. Il était rage de colère, et donc (*sic*) il a insulté l'adversaire et sans faire exprès (*sic*) effectivement (*sic*), il a eu (*sic*) de la salive qui est partie.»

La salive qui part sans qu'on le veuille ? Il faudra que le jeune homme envisage une consultation en gérontologie.

Dimanche 20 décembre

Propagandastaffel, suite

L'ancien directeur du *Monde,* peu importe son nom, le précédent et le suivant sont les mêmes, a estimé que CNews posait un problème déontologique : on n'y raconte pas les mêmes sornettes que dans son quotidien du soir ! C'est ainsi dit : « Cette chaîne ne fait pas son travail : elle est problématique (*sic*) dans sa façon de couvrir une partie de l'actualité. » Il a passé la consigne à ses journalistes de ne pas s'y rendre. Ce qui renseigne sur les méthodes et les façons du journal.

L'idéal ne serait-il pas d'ouvrir des camps pour y parquer ces journalistes qui ne pensent pas bien ?

Lundi 21 décembre

Le triomphe du néant

Pour qui ignorerait la transvaluation de valeurs en cours, un youtubeur texan de neuf ans a totalisé plus de 12,2 milliards de vues et 29,5 millions de dollars de revenus cette année 2020 avec ses vidéos. Au départ, alors qu'il avait trois ans, son génie consistait à déballer ses cadeaux devant l'objectif de ses parents ! Aujourd'hui, sous couvert de contenus pédagogiques, il effectue du placement de produits. C'est, avec sa ligne de produits dérivés, ce qui fait sa fortune.

Un autre enfant, une jeune Russe de six ans, se trouve elle aussi dans le top 10 des plus célèbres youtubeurs. Elle propose des vidéos ludiques… pour les enfants.

En régime postmoderne, la valeur n'attend pas le nombre des années.

Mardi 22 décembre

L'argent fait le bonheur

Tout le monde a suivi le feuilleton Jonathan Daval, ce garçon disgracieux marié à une jolie blonde avec laquelle la sexualité semblait en berne. Il a tué sa femme, déplacé son corps en campagne, puis partiellement brûlé son cadavre, avant de devenir le mari médiatique éploré trouvant secours dans les bras des parents de son épouse étranglée par ses soins. Confondu, incarcéré, il a changé d'avis et accablé son beau-frère et sa belle-famille présentés comme complices. Manipulation. La belle-famille était innocente. Elle est restée digne. Le tueur a été condamné à vingt-cinq ans de prison.

La famille revient au centre du dispositif médiatique parce que monsieur Fouillot, le père de la victime, veut 150 000 euros, et que madame Fouillot en veut autant au titre de préjudice moral. Ils disent avoir dû vendre leur bistrot plus tôt que prévu, ils demandent également 60 000 euros de préjudice. Ils réclament aussi 5 000 euros de frais d'obsèques. Le beau-frère et la belle-sœur, quant à eux, désirent 57 000 euros et 100 000 euros.

Je me demande comment on peut dépenser un argent ainsi gagné…

Jeudi 24 décembre

Théologie de la patinoire

Jadis, on savait ce qu'était une église, sa symbolique était connue, du moins par les prêtres : elle était orientée vers le soleil levant. De même, les morts dans les cimetières creusés autour de ladite église afin que, le jour du Jugement Dernier, ils soient réveillés par la lumière identifiée à Dieu. Le prêtre officiait face à cette lumière venue du levant en intercesseur des fidèles qu'il avait donc dans le dos. L'autel était placé au point de lumière tombant sur lui le jour de la fête du saint auquel l'église était consacrée. Une relique était scellée dans la pierre de cet autel. L'idéal était que le rai lumineux tombe sur elle au moment zénithal du jour de la fête – la fameuse « heure de midi » nietzschéenne…

Depuis Vatican II, l'église est devenue une Maison des jeunes et de la culture (MJC) où l'on joue de la guitare…

La chose s'est trouvée dite à Gap où la messe a été dite dans une patinoire – au moins, comme ça, les choses sont claires…

Le club de hockey local, les Rapaces (!), privé de salle depuis le confinement, a ironiquement proposé de jouer ses prochains matchs à la cathédrale…

Théologiquement, c'est bien vu.

Vendredi 24 décembre

+ ?

Le culturiste Yuri Tolochko, du Kazakhstan, a épousé Margo, sa poupée gonflable. Il a rencontré sa « femme » dans une boîte de nuit et a vécu avec elle un an et demi en postant sur les réseaux sociaux le détail de leur idylle.

Par exemple, le mois dernier, Yuri s'est rendu à une marche transsexuelle habillé en Margo. Mais il s'est fait attaquer, casser le nez et a souffert de commotion cérébrale. Moi qui pensais que le « + » de « LGBTQ+ » garantissait la fierté d'autres identités sexuelles ou de genre que lesbienne, gay, bisexuel (le), transgenre, j'ai dû louper une station…

Dans l'un de ses posts, l'ami Yuri confesse : « Avec le temps et l'expérience, Margo et moi avons réalisé qu'il fallait plus que des mots pour avoir une conversation. Les couples doivent moins parler et se connecter (*sic*) davantage. » L'homme aux gros muscles mais au cerveau fort improbable ajoute qu'il est subjugué par cette fausse femme parce qu'elle se montre « capable de ce que les autres ne sont pas capables de faire ». On ne sait quoi en l'occurrence. Peut-être pense-t-elle plus que lui, même si elle n'en dit rien ?

Ce jour de Noël, facétieuse, la poupée en silicone s'est cassée. Yuri pourra demander au père Noël qu'un tourneur-fraiseur vienne la lui réparer.

Vendredi 25 décembre

Les deux islams

Un jeune musulman de Belfort a posté sur Internet la photo d'une assiette remplie d'huîtres et de crevettes pour partager sa joie. L'un de ses contacts, musulman, ayant reçu l'image, l'a traité de « sale fils de blancs, fils de serpent, fils de policiers » – sa mère est en effet officier de police judiciaire. Il a ajouté ceci : « Je vais te montrer ce qu'est un vrai rebeu » avant de lui donner un rendez-vous auquel il s'est rendu : ce fut pour se faire tabasser par quatre « vrais rebeus », pour parler comme eux…

On pourrait expliquer aux tabasseurs que le nom de Jésus apparaît une vingtaine de fois dans le Coran, qu'il nomme l'un des prophètes, que le même livre affirme que Jésus n'a pas été crucifié mais qu'un autre a pris sa place sur la croix, que cette thèse est celle des docétistes, une secte judéo-chrétienne qui, abomination de la désolation, a contribué à la fabrication de l'islam qui, de ce fait, procède du christianisme, qui lui-même procède du judaïsme. C'est donc un même monothéisme qui effectue trois variations avec la Torah, la Bible et le Coran.

À sa manière, sans probablement le savoir, le jeune Belfortain de vingt ans peut être musulman, fêter Noël et manger des huîtres : il n'est pas culturellement infidèle à sa religion.

Salut à cet islam qu'on pourrait dire des Lumières.

Samedi 26 décembre

Bons et mauvais immigrés

Un couple d'Iraniens a fui son pays pour s'installer en France où il a présenté une demande d'asile qui a été refusée. Il se fait que ce couple exilé s'est converti au christianisme et que chacun sait que ce genre de conversion est puni de mort par l'islam – il l'est donc par les mollahs. L'Office français de protection des réfugiés et apatrides (Ofpra) a refusé cette requête sous prétexte que la conversion ne présentait aucun danger pour le couple, qui a formulé une seconde demande, refusée elle aussi sous prétexte que les documents administratifs étaient mal traduits.

Faut-il croire que les services d'immigration de l'État français ne souhaitent qu'une seule immigration : sa formule musulmane ?

Où l'on verrait alors qu'il n'y a pas que les partis politiques qui instrumentalisent l'immigration…

Mardi 29 décembre

Ceci n'est pas une information

Une crèche a pris feu dans l'église Notre-Dame du Rosaire dans le 16e arrondissement de Paris.

Circulez, y a rien à voir.

Mercredi 30 décembre

Liste Otto, suite

Dans l'escroquerie annuelle de la liste des personnalités préférées des Français, les fabricants anonymes de ces portemanteaux du politiquement correct évincent ceux qui seraient probablement… les personnalités préférées des Français ! On n'y trouve évidemment aucun opposant à l'Europe maastrichienne, car c'est le péché mortel de notre époque effondrée.

En revanche, toutes les figurines du bon goût de notre époque s'y trouvent – politiciens du politiquement correct, races du politiquement correct, religions du politiquement correct, sexes du sexuellement correct et autres impératifs du catéchisme du politiquement correct.

C'est peu dire qu'on n'y trouvera jamais Houellebecq, Zemmour, Raoult ou Marine Le Pen qui, chacun dans leur genre, font pourtant des cartons.

Mercredi 30 décembre

Volapük de fin d'année

Une pensée profonde d'Alain Badiou dans *Marianne* qui lui ouvre grand ses colonnes : « La poésie est une sorte de méditation intralangagière sur ce que la langue peut parvenir à nommer vraiment. »

On est heureux de l'apprendre. Le contraire m'aurait fait de la peine.

Mercredi 30 décembre

La race des seigneurs

Le footballeur Neymar projette une *rave* de sept jours non-stop pour cent cinquante invités. Pour ce faire, il a acheté un hangar désaffecté afin de dissimuler les hélicoptères et les jets privés. Il a prévu une enveloppe de 600 000 euros pour cette réjouissance.

Rappelons que le grand homme est l'une des figures mondiales du politiquement correct. Il est également très chrétien et très pieux.

S'il avait été athée, qu'est-ce que ça aurait été ?

Jeudi 31 décembre

Humour de pandore

Les anciens trotskistes Jean-Luc Mélenchon, Edwy Plenel, Jean-Christophe Cambadélis et Julien Dray se réjouiront d'avoir un ami inattendu en la personne du préfet de police de Paris, Didier Lallement.

Ce dernier a en effet choisi une citation de Trotski, le créateur de l'Armée rouge, pour illustrer sa carte de vœux. La voici : « Je suis profondément convaincu, et les corbeaux auront beau croasser, que nous créerons par nos efforts communs l'ordre nécessaire. Sachez seulement et souvenez-vous bien que, sans cela, la faillite et le naufrage sont inévitables. »

Une bien intéressante convergence des luttes !

Jeudi 31 décembre

Euthanasier les vieux

La scie musicale des penseurs du régime maastrichien, qui méprisent les vieux ayant fait leur temps et qu'on pourrait bien pour cette aimable raison faire passer à la trappe, dispose de son porte-parole en Alain Minc qui le dit clairement sur Radio Classique : « On ne va pas laisser la vaccination des vieux continuer à bloquer le pays. »

Laisser mourir les vieux, n'est-ce pas la meilleure façon de les euthanasier sans débourser un seul centime ?

BHL, Compte-Sponville, Attali et quelques autres qui pensent de la même manière vont se sentir moins seuls…

Nuit du réveillon du 31 décembre

L'état de l'État !

Deux mille cinq cents fêtards venus de France mais aussi de toute l'Europe ont célébré la fin de l'année dans une soirée géante près de Rennes, et ce, bien sûr, malgré les interdictions. Les gendarmes ont essayé de l'interdire, en vain. Leur véhicule a été incendié, trois autres ont été dégradés et les militaires, caillassés, ont dû se replier.

La « fête » a duré trente-six heures et l'État français n'y a rien pu... Nous avons des services secrets, ils n'ont pas été capables de repérer les invitations illégales sur les réseaux sociaux ; nous avons une police, une gendarmerie, une armée, mais personne n'a été capable d'empêcher que cette manifestation d'égotistes se tienne pendant trois jours.

Il est vrai que les forces de police ont reçu l'ordre de se replier face à la détermination violente des fêtards devenus casseurs. Le préfet a fait savoir qu'il fallait préserver la sécurité... des fêtards et des troupes dont c'est le métier d'interpeller les contrevenants ! Il a dit à l'AFP : « Face à des individus très violents, j'ai pris la décision de les laisser s'installer et de contrôler la zone. » C'est désormais l'impératif catégorique de l'État français : baisser les pouces devant la violence et la laisser conquérir ce qu'elle veut.

Le même préfet a pris la parole pour dire que « les raveurs ont mis leur vie en danger » – ce dont on se moque absolument ! Mais il ne lui est pas venu à l'idée qu'ils mettaient *surtout* la vie des autres en danger. Le suicide n'est pas interdit, la tentative d'homicide, si.

Ce préfet de la région Bretagne, Emmanuel Berthier, qui protège les délinquants mais pas la population française qu'il expose, commet donc une forfaiture : pour cela, il sera très probablement honoré lors de la prochaine remise des hochets de Légion d'honneur qui distinguent les domestiques travaillant le mieux à la soumission. Avec probablement une promotion à la clé.

Vendredi 1er janvier

Da capo…

La photocomposition de cet ouvrage
a été réalisée par
GRAPHIC HAINAUT
30, rue Pierre Mathieu
59410 Anzin

Imprimé en France par CPI
en février 2021

N° d'éditeur : 61161/01

N° d'impression : 3042515